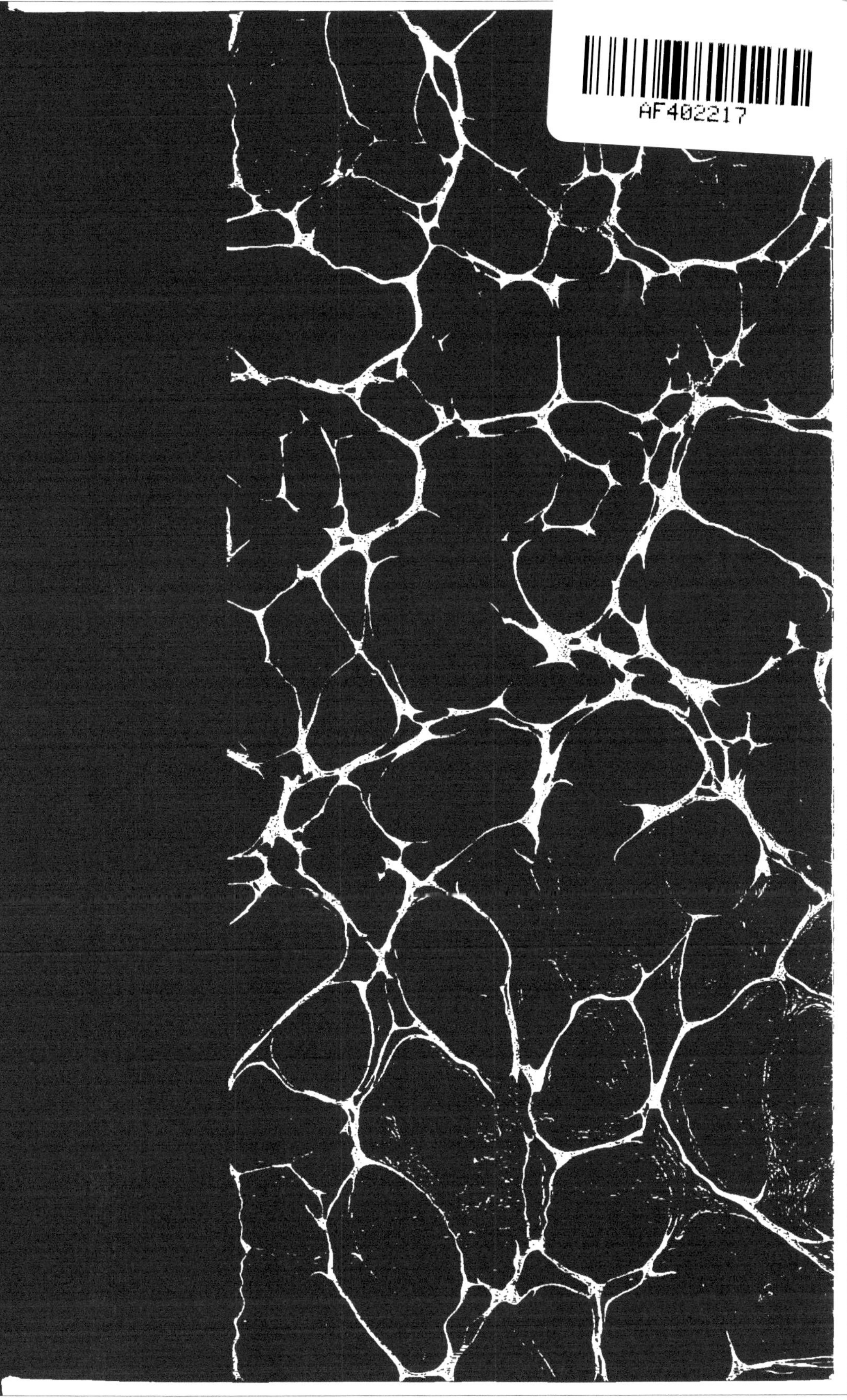
AF402217

LAURENCHET 1977

HISTOIRE

ANCIENNE,

OU

PREMIÈRE PARTIE

DE

L'HISTOIRE

DES HOMMES.

HISTOIRE DES HOMMES,

OU HISTOIRE

NOUVELLE

DE TOUS LES PEUPLES DU MONDE,

PARTIE DE L'HISTOIRE ANCIENNE.

TOME XXVI.

A PARIS,

M. DCC. LXXXIV.

Avec Approbation & Privilége du Roi.

HISTOIRE
DES SYRIENS
SOUS LES SÉLEUCIDES.

SI quelque puiſſance pouvait repréſenter en Aſie la vaſte Monarchie d'Alexandre, c'était la Syrie ſans doute, qui, dans le temps de ſa plus grande ſplendeur, s'étendait du Gange à la Méditerranée, & embraſſait preſque toutes les conquêtes du Héros, à l'exceptiou de l'Egypte & de la Macédoine.

La durée de cette Monarchie des Séleucides ſemblait devoir être auſſi brillante que ſon étendue, du moins à en juger par ſes reſſources. Elle diſpoſait des tréſors de Babylone, & des Métropoles de la Perſe. L'Inde lui fourniſſait ſes éléphants, ſi utiles alors dans les combats.

Elle tirait des forêts inépuifables du Liban,
les meilleurs bois de conftruction qu'il y
eût dans le monde connu. La Phénicie,
devenue une de fes Provinces, lui affurait
des flottes, accoutumées, depuis un grand
nombre de fiècles, à avoir l'empire des
mers : ajoutez à tous ces avantages, celui
d'avoir vu fon trône occupé de temps en
temps par des Princes amis de la gloire.
Malgré tant de motifs pour laiffer une
longue trace dans la mémoire des hommes,
l'Empire des Séleucides ne vit pas deux
fiècles & demi s'écouler entre fa fondation & fa cataftrophe.

Et ce n'eft point à l'étoile de Rome,
appellée à la conquête du tiers du globe,
qu'il faut attribuer cette fubite décadence.
La Syrie avait dans fa conftitution, plufieurs vices internes qui la minaient par
degrés. On n'avait point fongé à lier enfemble, par l'uniformité des mœurs &
fur-tout par celle d'opinions, cette foule
de peuples fi différens de caractère, qu'on
avait foumis depuis l'Inde, en - deçà du

Gange, jufqu'à l'extrêmité de la Phénicie.
Auffi chaque Province ifolée, & ne tenant
à l'état que par le tribut qu'on lui impofait, fe donnait au premier rebelle qui
lui offrait la perfpective d'un fort plus
heureux, ou au premier conquérant qui
pouvait punir le crime de fa longue réfiftance.

Outre le patriotifme de nation, fi j'ofe
m'exprimer ainfi, que ne pouvait avoir
l'Empire des Séleucides, il lui manquait
encore le patriotifme d'individu : l'état
fe trouvant concentré dans la perfonne
du Monarque, perfonne ne trouvait fon
intérêt à chercher des périls où il ne pouvait rencontrer la gloire ; cet enthoufiafme
fublime qui faifait faire tant de grandes
chofes à des Républicains-Rois dans la
patrie des Camille, des Phocion & des
Léonidas, était nul dans des hommes
avilis, qui ne pouvaient afpirer qu'à être
les premiers dans l'ordre des efclaves.

Mais c'eft aux faits, encore plus qu'aux
raifonnemens, à nous convaincre que le

defpotifme eſt auſſi fatal à l'état, qu'à l'individu, ſoit qu'il règne, ſoit qu'il ſerve: vérité effrayante, dont l'Hiſtoire de toute l'antiquité eſt le garant, depuis les Atlantes du monde primitif, juſqu'aux Séleucides.

GÉOGRAPHIE

DE LA SYRIE (a).

IL ne s'agit point ici de tracer un tableau raifonné de la fituation de l'Empire entier des Séleucides : comme cet état embraffait dans fa fplendeur la plus grande partie de l'Afie, nous n'ajouterions rien de neuf aux defcriptions détaillées que nous avons eu occafion de donner de cette moitié du globe des Anciens, dans notre Hiftoire des Hommes. On peut confulter fur l'Inde, en-deçà du Gange, devenu Province Syrienne, nos vues philofophiques fur la population de l'Afie (b) ; fur la

---

(a) La Carte de la Syrie propre, eft toute entière dans celle de la Phénicie. On peut confulter celles de l'Affyrie, de l'Inde & de la Perfe, pour le refte de l'Empire des Séleucides.

(b) *Hiftoire des Hommes*, Partie ancienne, tome V, pag. 228.

Chaldée, où les Séleucides fixèrent d'abord
leur réfidence ; l'Hiftoire d'Aſſyrie, ſur la
Phénicie qu'ils ſubjuguèrent ; celle de
l'Empire de ce nom, ſur la Perſe qu'ils
rendirent tributaire, les Annales de la
Monarchie de Cyrus.

La Syrie proprement dite, la ſeule qui
exige nos recherches, eft une contrée bien
moins étendue que la France : on la borne
au midi par l'Arabie déferte, au nord
par le mont Taurus, à l'occident par la
Méditerranée, & à l'orient par l'Euphrate.
Il eft prefqu'impoffible de fixer d'une manière philofophique, l'étymologie de ſon
nom ; les uns le dérivent d'un Syros,
enfant de la terre (*a*) ; d'autres d'un
Syrus, fils d'Agenor (*b*). L'ancienne Tyr
appellée *Sour* dans les langues de l'Orient,
a pu donner ſon nom à la Syrie (*c*) : il

____

(*a*) *Jul. Afric.* Apud Syncell. Chronogr. pag.
150.

(*b*) *Chronic. Alexandr.* pag. 101.

(*c*) *Voyages de Richard Pockoke*, trad. franc.
tom. 3, pag. 142.

pourrait fe faire auffi que *Syrie* ne fût qu'une abréviation d'*Affyrie*, comme le penfe Hérodote (*a*), qui pourrait avoir en géographie l'autorité qu'il perd en phi-lofophie & en hiftoire.

Le feul fleuve digne de ce nom que la Syrie renferme, eft l'Oronte, qui, après avoir couru vers le nord jufqu'au-près d'Antioche, fe replie vers le midi pour fe rendre dans la mer.

Les anciennes divifions de la Syrie en Provinces, font très-incertaines. On y comptait, dit-on, primitivement, quatre petites Souverainetés; celles de Zobah, de Hamath, de Geshur & de Damas. Sous les fucceffeurs de Cyrus en Perfe, il n'y avait plus dans fon fein que deux Peuples, celui de la Céléfyrie & celui de la Phénicie. Après la mort d'Alexandre, on partagea, fuivant Strabon, cette con-trée en Comagène, en Séleucide, en Céléfyrie, en Phénicie & en Paleftine.

____

(*a*) Lib. 7, cap. 63.

Ptolemée admet à cette époque d'autres fous-divifions; il fuppofe que chaque grande Ville de la Syrie propre donnait fon nom à une Province, & qu'outre la Comagène, qui avait pour capitale Antioche, les deux Séleucies étaient les Métropoles de la Séleucide Méditerranée & de la Séleucide Maritime; que l'Apamène dérivait d'Apamée, la Cyrheftique de Cyrhus, la Chalcydène, la Chalibonyde & la Palmyrène, de Chalcis, de Chalybon & de Palmyre. Pour épaiffir encore ces nuages géographiques, on trouve que fous la domination Romaine, la contrée dont nous nous occupons ne renfermait que la Céléfyrie, la Comagène, la Phénicie du Liban & la petite Province de Palmyre.

La première ville Syrienne qu'on rencontre au nord, eft une Alexandrie qui domine fur le golfe d'Iffus, & que dans le moyen âge, on a appellé Alexandrette. Il y a eu un nombre prodigieux d'Alexandries dans toute l'Afie; mais aucune n'a

laiſſé un grand nom, comme la capitale
de la Monarchie des Ptolemées.

Séleucide qu'on voit en deſcendant du
côté de la mer, & non loin dè l'embouchure de l'Oronte, fut bâtie par Séleucus
Nicator, auſſi-bien qu'Apamée, que ce
Prince fit habiter en partie par ſes Favoris, & en partie par ſes éléphants.

Antioche, autre monument de la grandeur de Nicator, devint peu-à-peu la
réſidence des Séleucides, & une des Métropoles de l'Orient : il ne reſte d'elle
qu'un énorme pan de murailles qui borde
la rive gauche de l'Oronte, & qui annonce, ſoit par la groſſeur des pierres de
taille, ſoit par le ciment impénétrable qui
les lie entr'elles, que les Syriens ſavaient,
quand ils le voulaient, travailler pour
l'éternité.

Les deux Laodicée, l'une ſur mer &
l'autre près de la chaîne du Liban, ont
plus d'exiſtence dans l'Hiſtoire de l'Egliſe,
que dans celle des Séleucides.

Hems eſt l'ancienne Emèſe qu'un Itinéraire Romain place à dix-huit milles de la seconde Laodicée. Un tremblement de terre la détruisit de fond en comble en 1157, & la nouvelle Ville qu'on a bâtie sur ses ruines n'en occupe que le quart, du moins à en juger par l'enceinte des anciennes murailles. Emèse fut la patrie du trop fameux Héliogabale.

On rencontre à un stade d'Emèse (*a*), un monument qui a quelque célébrité : c'est une espèce de tombeau en briques, ayant quarante pieds en quarré, dont le revêtement, de l'ordre d'architecture le plus bifarre, est composé de plusieurs rangs de petites pierres posées diagonalement, & alternativement blanches & noires ; cinq pilastres de pierres de taille décorent ce monument, qui se termine en pyra-

---

(*a*) *Voyage de Richard Pockoke*, trad. franc. tom. 3, pag. 419. C'est dans cet Ouvrage & dans les Voyages de Maundrell & de la Roque, que nous puiserons notre notice des antiquités Syriennes.

mide. On croit qu'il fut érigé en l'honneur de Caius Céfar, qui mourut dans l'Afie mineure, & dont les cendres furent dépofées à Rome dans le maufolée d'Augufte.

Epiphanie, qu'on voit entre Emèfe & Apamée, eft la ville qu'on connaît aujourd'hui fous le nom de Hamah : fon nom dérive d'*Epiphane* (illuftre); ce qui fait allufion à la beauté de fa fituation. Les colonnes renverfées, avec des infcriptions gtecques du moyen âge, qu'on y rencontre de temps en temps, prouvent qu'elle fleuriffait du temps des Empereurs de Conftantinople; mais comme Ptolemée n'en parle pas, il eft vraifemblable qu'elle exiftait à peine fous les Séleucides.

Damas, la vraie capitale de la *Syrie-Creufe* ou de la Céléfyrie, s'il en faut croire les annales Mahométanes, fait remonter fon origine jufqu'à Abraham : fa fituation au milieu d'une plaine arrofée par des eaux toujours vives, & couverte de végétaux odoriférans qui embaument l'atmofphère, l'ont fait appeller le paradis terreftre de l'Orient. Cette Ville célèbre, long-temps avant Alexandre, maintint fa fplendeur fous les Séleucides, & n'a point dégénéré dans le moyen âge, puifqu'elle eft devenue une des Métropoles de l'Empire des Califes.

Hyerapolis, aujourd'hui Bambyck, n'a pas moins de célébrité que Damas; mais c'eft moins par le rôle qu'elle a joué dans la politique, que par celui qu'elle a joué dans la Religion. Elle avait un temple érigé dans la plus haute antiquité à Atergatis, qu'on croit la Derceto de Babylone, & la Cybèle des Romains. S'il en faut croire Lucien, dont la plume s'eft exercée fur la defcription de ce temple, on montrait, non loin de fon enceinte, un abîme qui s'était ouvert pour délivrer le pays des reftes d'une inondation, qui en altérait la température : cet abîme dut épargner aux premiers cultivateurs les fatigues d'un pénible défrichement; un tremblement de terre fit alors en un inf-

tant ce qui demandait le génie de plusieurs
Archimède & la main de plusieurs Hercule ; ainsi les Syriens eurent une patrie
avant que leurs voisins trouvassent un emplacement pour établir leurs tentes.

On ne pouvait guère se tromper sur
l'origine de cet abîme d'Hyerapolis ; car
en mémoire de cet évènement mémorable,
les Syriens avaient institué une fête ; lorfque le moment était venu de la célébrer,
un Prêtre montait au haut d'une colonne
placée dans le parvis du temple, & il y
restait sept jours, pour représenter l'état
primitif du genre humain, habitant les
montagnes, pendant l'inondation des plaines : or le Scythe Deucalion avait fondé
cette fête, & Atlas était un des demi-
dieux qu'on honorait dans le temple (*a*) ;
il est difficile de rassembler plus de faits,
à une époque où il n'y a point encore
d'histoire.

Lucien, à qui nous devons ces frag-

____

(*a*) Voyez Lucien, traité *de la Déesse de Syrie.*

mens précieux des anciennes annales des hommes, parle beaucoup des pélerinages que faifaient de temps immémorial les Phéniciens, les Affyriens & les Arabes, dans le temple d'Hyerapolis : cette ville du Liban était pour les Orientaux, ce qu'a été Jérufalem pour les chrétiens des Croifades, & ce qu'eft encore de nos jours la Mecque, pour les propagateurs de l'Alcoran ; elle rappellait aux peuples de l'Afie, qu'ils étaient liés entr'eux par le même culte & par la même origine.

DES RUINES MAGNIFIQUES

D'HÉLIOPOLIS.

RIEN ne donne une plus haute idée du goût oriental en architecture, que les ruines qui nous restent d'Héliopolis & de Palmyre. Nous ne parlerons ici que des premières ; car la description de l'autre est bien plus à sa place dans un coin du tableau de la Rome des Céfars, lorsque nous en viendrons à l'histoire de Zénobie, Reine de Palmyre.

Héliopolis, connue aujourd'hui sous le nom de Baalbeck, qui n'en est au reste que la traduction dans une des langues de l'Orient (*a*), est située à environ quinze lieues de Damas, entre les deux chaînes

---

(*a*) *Héliopolis* signifie en grec la Ville du Soleil, & *Baal-Beck*, ou la Ville du Dieu Baal, présente la même idée dans celle des Syriens & des Arabes.

du Liban & de l'Antiliban. Quoique fa
confécration à Baal ou au Soleil date
de la plus haute antiquité, la magnificence des ruines dont elle eft couverte,
empêche qu'on ne faffe remonter l'érection
de fes monumens plus haut que le fiècle
d'Alexandre.

Parmi ces ruines, les plus dignes de
l'hommage des fiècles font le palais d'Héliopolis & le temple du foleil.

Le palais conftruit fur le plan d'un
parallélogramme, annonce par l'immen-
fité de fon enceinte, qu'il était deftiné à
loger un grand Roi : l'admiration eft déjà
à fon comble avant d'y entrer, quand
on voit les blocs énormes qui ont fervi
à la conftruction de fes murailles. Les
Voyageurs ont mefuré des pierres qui ont
jufqu'à foixante-deux pieds de long fur
feize de hauteur : il y a fur-tout un efpace
de cent quatre-vingt pieds, qui n'eft formé
que de trois pierres, encore font-elles
élevées de plus de dix-huit pieds du fol ;
ce qui annonce pour leur érection, des

prodiges de méchanique inconnus aux Architectes du monde moderne, avant qu'on relevât à Rome la colonne Trajane, & que le roche de granit, qui fert de bafe à la ftatue de Pierre-le-Grand, fût amené à Pétersbourg.

La façade du palais, ainfi que tous les grands édifices de l'antiquité, eft tournée vers l'Orient; elle préfente une étendue de deux cents quarante pieds, en y comprenant les deux tours quarrées qui l'accompagnent. L'architecture intérieure eft d'un très-bon goût; fes colonnes font d'ordre dorique, & engagées à demi dans le mur, qui, lui-même, eft décoré de buftes, de ftatues & de bas-reliefs. Le comble, bâti en terraffe, forme une belle galerie découverte, d'où l'œil faifit fans peine l'enfemble de ce vafte édifice, ainfi que le fpectacle impofant de toutes les ruines d'Héliopolis.

Ce premier corps de bâtiment ne femble que le veftibule d'un monument hexagone, élevé au centre d'une cour immenfe,

& qui réunit le goût le plus pur à la plus étonnante magnificence.

Le fond du monument eſt ouvert, & repréſente une eſpèce de théatre où l'on monte par un ſuperbe eſcalier de marbre.

De-là, on entre dans une ſeconde cour quarrée, beaucoup plus ſpacieuſe que la précédente, où l'on voit régner le long des deux faces latérales, deux nouveaux palais, portés ſur un double rang de colonnes qui forment une galerie impoſante, ayant quarante-huit pieds de large ſur près de quatre cents de longueur. La ſtructure, ſoit de la galerie, ſoit du palais, eſt auſſi étonnante par ſon goût que par ſa hardieſſe.

Au fond de cette cour, il y avait originairement un troiſième palais, deſtiné ſans doute à loger le Souverain, du moins à en juger par l'étendue & par la profondeur de l'édifice; mais malheureuſement ſes ruines ſont ſi éparſes & ſi dégradées, qu'il eſt preſqu'impoſſible d'en ſaiſir le plan. On ne voit debout que neuf des

colonnes sur lesquelles le palais était élevé;
une bonne partie de leur entablement qui
subsiste encore, est, dit-on, un chef-d'œuvre
de l'art. Les colonnes elles-mêmes paraîs-
sent de la grosseur des fameuses qui décorent l'Hypodrome de Constantinople,
& pour comble d'admiration, elles font
chacune d'un seul bloc. En 1550, il y
en avait encore vingt-sept; mais les Turcs
depuis en ont transporté dix-huit dans la
capitale de leur Empire, pour en orner la
Mosquée du Grand Soliman.

Les ornemens intérieurs de chacun des
palais semblent allier le goût pur des Grecs
du siècle de Périclès, avec le luxe des Romains sous les Césars: rien n'a été oublié
par les Artistes; statues sans nombre, bustes
de toute grandeur, riches trophées, ther-
mes, Caryatides, plafonds embellis par des
bas-reliefs; tout y annonce, même dans
son état de décadence, un monument fait
pour être une des merveilles du monde.

Mais si l'ame se flétrit en parcourant
les ruines amoncelées qui l'empêchent de

jouir de toute l'architecture du grand
palais d'Héliopolis, elle se console en
voyant que le temple du Soleil a également
échappé à la destruction lente du
temps, & aux ravages des barbares. Ce
temple, dont les plus beaux dessins rendent
à peine la magnificence, est d'une
espèce de marbre inférieur, qui jaunit à
l'air. Le péristile paraît formé d'abord de
huit colonnes Corynthiennes d'un seul
bloc & cannelées, qui règnent sur un
intervalle de cent deux pieds ; ensuite de
quatre autres colonnes isolées qu'accompagnent
deux pilastres à trois faces, placées
au-devant des deux murs collatéraux ; ce
qui forme un second portique, dont la
profondeur est de vingt-quatre pieds, &
la largeur de soixante.

Le premier péristile est prolongé tout
autour du temple, de manière qu'il forme
une galerie continue de quarante colonnes,
dont douze le long de chaque face
latérale, huit devant la porte, & huit
derrière l'édifice ; chacune a cinquante-

deux pieds de haut, fur fix de diamètre : l'extrêmité inférieure du mur du temple, qui répond au pourtour de cette galerie, eft décorée d'une double frife, où on a fculpté divers événemens de la Mythologie orientale, en bas-reliefs.

Le plafond voûté du portique ne le cède point en décoration au mur extérieur du temple ; tout y eft fculpté avec une fingulière délicateffe : les grands compartimens font chargés au milieu du bufte d'un Empereur ou d'une Impératrice ; lès autres ne repréfentent que des vafes ou des feuillages.

La porte du temple, toute entière de marbre, a de hauteur, depuis le feuil jufqu'à la cimaife de l'entablement, quarante-deux pieds, & de largeur d'un montant à l'autre vingt-huit, avec environ dix-huit pieds d'ouverture. L'architecture en général en eft d'un goût exquis ; mais on admire fur-tout la plate-bande qui fait le linteau de cette porte, & qui fert auffi d'architrave à l'entablement. C'eft un feul

bloc de marbre, où l'on a fculpté en bas-
reliefs un aigle énorme à aîles déployées,
tenant dans fes ferres un caducée & deux
Amours à demi-renverfés : une belle guir-
lande part du bec de l'oifeau de Jupiter,
& tandis que les Amours la foutiennent
d'une main, de l'autre ils déployent un
rideau, dont les extrêmités fe divifent en
rubans & femblent voltiger. On ne peut
rien ajouter à la correction du deffin, &
à l'élégance des trois figures.

L'intérieur du temple paraît difpofé à
peu près dans le plan de nos bafiliques :
fa longueur eft d'environ cent quatorze
pieds, dont le fanctuaire en occupe près
de trente-fix ; pour la largeur d'un mur
à l'autre, elle eft de plus de foixante.

La nef eft foutenue par un double
rang de colonnes cannelées d'ordre Co-
rynthien, ayant trois à quatre pieds de
diamètre, & environ trente-fix d'élévation, en y comprenant la bafe & le cha-
piteau.

Au-deffus de chaque arcade, on voit

un rang de niches couronnées d'un fronton triangulaire, où l'on avait placé les Dieux & les Héros de l'antiquité. On peut juger que ces figures, qui ne subsistent plus, étaient colossales, soit par la hauteur de chaque niche qui est de quatorze pieds, soit par l'énorme massif des piédestaux.

Le sanctuaire, plus élevé que la nef, en est séparé par deux grands piliers quadrangulaires, décorés de colonnes & de pilastres ; on y arrive par treize degrés de marbre. Quatre colonnes isolées s'élèvent majestueusement, & vont soutenir la voûte de ce sanctuaire.

L'autel où reposait la statue colossale du Soleil, ne subsiste plus ; mais l'œil de l'homme de goût, en son absence, se repose avec plaisir sur les bas-reliefs du sanctuaire, qui représentent tantôt des vases chargés de fleurs, tantôt des grouppes de Dieux marins, ou des tableaux pittoresques tirés de l'ancienne Mythologie.

La voûte de l'édifice sacré est de l'exécution la plus hardie : comme elle eſt ouverte vers le centre, on ſuppoſe que c'était la place d'un dôme magnifique qui s'eſt écroulé ; cependant on ne découvre aucun veſtige de ſes ruines.

On arrive à la partie extérieure de cette voûte par un eſcalier en limaçon, pratiqué dans l'épaiſſeur du mur : on peut juger de la ſolidité de l'édifice entier, par la dernière pierre de cet eſcalier, qui compoſe à elle ſeule vingt-neuf marches. Les Pharaons de l'Egypte n'ont rien fait de plus prodigieux dans leurs barbares & futiles pyramides.

Ce temple du Soleil, depuis un demi ſiècle, commence ſingulièrement à ſe dégrader, à cauſe du fanatiſme Muſulman qui ne peut ſouffrir debout aucun monument qu'elle n'a pas érigé. Les barbares briſent les colonnes pour les faire écrouler, & après leur chûte, ils les laiſſent par terre, manquant de forces mouvantes & de machines pour les tranſporter. Ils ont bâti un mur entre le portique & l'entrée du temple ; ce qui empêche d'appercevoir les proportions de l'architecture générale : le sanctuaire sur-tout excite si peu leur vénération, que quand le savant Pockoke descendit, à la lueur de quelques flambeaux, dans une niche, où il jugeait qu'on pourrait avoir placé une statue du Soleil, il y trouva le cadavre d'un homme qu'on y avait assassiné.

DE L'ANTIQUITÉ
DU PEUPLE SYRIEN.

On se rappelle sans doute les principes posés dans l'Histoire du monde primitif, pour établir la série progressive des colonies des Atlantes, depuis le Caucase, jusqu'à l'extrêmité de la chaîne de l'Atlas, qui confine au détroit de Gibraltar. Ces colonies ne franchirent pas, sans doute, au travers d'une mer orageuse, & sur la foi d'un ciel qu'elles ne connaissaient pas, l'intervalle immense qui sépare l'extrêmité orientale de l'Atlas, de la partie du Caucase, qui lui correspond du côté de l'Asie. Il fallait aux navigateurs de ces âges reculés, un point de repos, & nous l'avons trouvé dans les pics des montagnes de la Syrie.

La Syrie, en effet, renferme dans son sein le Liban & l'Antiliban, qui ne le cédent en élévation, qu'aux pointes inaccessibles des rochers du Caucase.

Il était d'autant plus aifé au peuple primitif de s'étendre du Caucafe à l'Atlas,
par l'entremife du Liban, que le mont
Aman, qui femble détaché de la partie
du Caucafe, qu'on connaît fous le nom
de Taurus, a une branche qui commu-
nique jufqu'à l'embouchure de l'Oronte,
le feul grand fleuve de la Syrie, & qui,
dans fon vafte cours, embraffe la chaîne
du Liban à l'orient & au feptentrion.

Les hauteurs de la Syrie ont donc
été peuplées, à une époque qui échappe
à toutes les recherches de la chronologie.

Alors les plaines les plus élevées de
l'Afie étaient l'appanage de l'Océan; il
n'y avait point de Ninive & de Babylone.
Les Hiftoriens ne mentaient pas à la pofté-
rité, en mettant un Ninus ou un Cyrus
au rang des grands hommes.

Lors même que la mer, en fe retirant,
laiffa le globe deffiné à peu près tel qu'il
eft aujourd'hui, il fut bien plus aifé au
peuple qui habitait les hauteurs du Liban
& de l'Antiliban, de deffécher la fange

de ſes plaines, en réuniſſant leurs eaux ſtagnantes dans le lit de l'Oronte, qu'aux colonies deſcendues du Caucaſe, d'aller au loin ſe créer une patrie le long des rives du Tygre & de l'Euphrate.

Tout indique, comme on l'a fait preſſentir dans l'Hiſtoire du monde primitif, que la Syrie eſt un des pays les plus anciennement peuplés du globe.

Nous avons eu occaſion, dans la notice géographique de cette contrée, de parler de l'antiquité de Damas, qui fait remonter ſa population primitive juſqu'au temps d'Abraham; d'Héliopolis, qui a pu donner ſon culte de Bal ou Baal à la Babylone des Sémiramis; d'Hiérapolis, qui conſerve des traces d'un déluge antérieur à celui de Deucalion.

Medin-El-ras a été conſtruite entre les gorges du Liban, ſur les ruines de la première ville connue que les hommes aient bâtie (a).

(a) Joſeph. *Antiq. Judaïc.* lib. I.

Au pied de ce même Liban, était une ville d'Emèfe, dont l'origine, fuivant les Arabes, remontait jufqu'au déluge de Noë (*a*).

C'était auffi dans cette contrée, qu'on voyait cette fameufe Byblos, dont Sanchoniaton attribue la fondation à Saturne, un des patriarches des Atlantes (*b*).

Le climat de la Syrie a toujours été favorable à la propagation des êtres animés. On a remarqué, jufques fous le règne des Séleucides, que les hommes y naiffaient avec toutes les proportions de la force, & les femmes avec le germe heureux de la beauté & des graces. Les Artiftes de la Grèce y envoyaient modeler leurs Hercules, & deffiner les traits de leurs Vénus.

Cette belle nature fe faifait remarquer

____

(*a*) *Voyages de Syrie*, par la Roque, tom. 1, pag. 232.

(*b*) Voyez le fragment qui nous refte de Sanchoniaton dans Eufebe, *Præp. Evang. lib.* 1, *cap. 9.*

jufques dans les animaux. Nos Phyficiens ont obfervé (a) que la Syrie eft encore le pays de l'Afie le plus favorable aux variétés heureufes des quadrupèdes; leur robe y eft auffi plus fine, plus luftrée, mieux nuancée. Il femble que ce climat rectifie toutes les imperfections, adouciffe toutes les couleurs, & embelliffe toutes les formes.

Des Hiftoriens qui n'ont lu qu'un livre, conjecturent que la Syrie eut de temps immémorial, fes mœurs, fes loix & fon gouvernement. On a même écrit que les gorges du Liban & de l'Antiliban avaient fourni quatre dynafties de Souverains, c'eft-à-dire, des rois de Zobah, de Hamath, de Geshur & de Damas. Toutes ces opinions font plus qu'incertaines. Il eft certain qu'on ne voit aucune trace de cette indépendance des Syriens dans les annales de Suze, de Ninive, de Babylone

---

(a) *Hift. Natur.* petite édition complette, tom. 11, pag. 16.

& d'Ecbatane. L'Orient & la Grèce se taisent de concert, quand il s'agit des quatre dynasties de Rois qui se partageaient les gorges du Liban & de l'Antiliban. Il est probable que tous ces Rois de l'antique Syrie n'ont jamais existé, ou que, s'ils ont existé, ils n'ont rien fait de mémorable ; ce qui est la même chose pour l'Ecrivain philosophe, qui assigne aux nations des rangs dans l'Histoire.

La Syrie ne commence vraiment à paraître avec éclat parmi les Monarchies de notre continent, qu'à l'époque de l'avénement des Séleucides. Nous allons donc franchir un intervalle immense, qui ne prête qu'à des conjectures fondées sur des fables qui ne sont pas même ingénieuses, pour voir l'Empire Syrien s'élever peu-à-peu des débris des conquêtes d'Alexandre.

COMMENCEMENS

DE SÉLEUCUS,

LE FONDATEUR DE LA MONARCHIE DES SÉLEUCIDES (a).

Le peuple des Hiftoriens, qui ne croit jamais que le génie & la vertu fuffifent pour illuftrer le fondateur d'une Monarchie, a embelli de quelques fables le berceau du premier Séleucus. On a prétendu que ce Prince n'était point fils de fon père, mais d'Apollon. Juftin raconte ainfi cette merveille. Laodice, femme d'Antiochus, un des Capitaines de Philippe de Macédoine, rêva une nuit qu'elle accordait fes faveurs au dieu de la lumière, & à l'inftant elle devint enceinte.

(a) *Paufan.* lib. 1, *Diod. Sicul.* lib. 19, *Juftin.* lib. 15, *Arrian.* de Exped. Alexand. *Appian.* in Syriac. *Eufeb.* in Chronic.

Apollon,

Apollon, par reconnaissance, donna à la Macédonienne un anneau, sur lequel était une ancre gravée, & lui recommanda de le remettre un jour au héros qu'elle portait dans son sein. Le lendemain, Laodice trouva en effet l'anneau miraculeux dans son lit, & au bout de neuf mois, elle accoucha d'un enfant qui avait la figure d'une ancre empreinte sur sa cuisse : cet enfant, qu'un homme ordinaire ne pouvait engendrer, est le fondateur du trône des Séleucides.

Séleucus eut une enfance obscure, contre l'ordinaire des Héros de l'âge des fables. Sa mère avait oublié qu'elle avait eu un dieu pour amant. Mais à l'époque de l'expédition d'Alexandre en Asie, Laodice se rappellant tout d'un coup son rêve mystérieux, donna à son fils l'anneau d'Apollon, en lui prédisant qu'il aurait un jour l'Empire du pays où il laisserait tomber sans dessein ce présent des dieux. Séleucus perdit en effet son anneau sur le bord de l'Euphrate ; ce qui fit triompher, quelques années après, les Chaflatans facrés, qui arrangent les prophéties d'après les évènemens.

Au refte, les actions de Séleucus pouvaient, fans fon anneau magique, préfager fa grandeur future : il fervit avec diftinction fous le vainqueur de Darius, & grace à fa valeur, la feule des vertus dont le Héros faifait cas, il eut quelque part à fa confiance.

Alexandre, de retour à Babylone, paya mal les longs fervices de Séleucus. Un jour que ce Prince fe promenait avec lui fur l'Euphrate, il laiffa tomber fon diadême, que le vent emporta dans des rofeaux : fon Favori fe jetta à l'inftant dans le fleuve, & alla chercher le bandeau royal à la nage ; à fon retour, la crainte de le mouiller le porta à le mettre fur fa tête : mais Alexandre, qui joignait à toutes les hauteurs du defpotifme, toutes les petiteffes de la fuperftition, prit cet évènement pour un préfage finiftre, & ôta fa confiance à Séleucus ; peut-être que ſi ce guerrier ſe fût fait craindre comme Clitus, le Héros l'eût aſſaſſiné.

A la mort d'Alexandre, tandis que ſes Capitaines ſe partageaient les trônes dont il avait fait la conquête, Séleucus ſeul n'eut aucun département : le Conſeil ſe contenta de payer ſes anciens ſervices, en le faiſant Général de la cavalerie. Ce ne fut que pluſieurs années après, & ſous la régence d'Antipater, qu'on le nomma Gouverneur de Babylone.

Babylone paſſait pour le plus beau fleuron de la couronne d'Alexandre, & chacun des ſucceſſeurs de ce Héros, étonné de l'avoir laiſſé paſſer en d'autres mains, tenta bientôt de s'en rendre maître. Antigone, le plus ambitieux de tous, fut auſſi le plus heureux ; il fit un crime à Séleucus, de ne pas le conſulter dans les affaires majeures de ſon département, & ſe préſenta dans la Chaldée, à la tête d'une armée qui avait ſubjugué la moitié de l'Aſie. Le Gouverneur de Babylone aima mieux céder à l'orage, que de le

braver au dépens de sa vie ; il partit se-
crètement avec cinquante cavaliers, &
vint demander un asyle en Egypte, au
premier des Ptolemées.

Les malheurs de Séleucus, & encore
plus la crainte qu'Antigone n'usurpât la
Monarchie universelle, produisirent une
ligue formidable entre la Thrace, l'Egypte
& la Macédoine. Séleucus fut l'ame de
la guerre qui en résulta ; il fit sur-tout
des prodiges de bravoure au siége de Gaza,
où l'ennemi commun fut battu : alors se
sentant le génie d'Alexandre, & encore
plus son étoile, il eut l'audace, avec
huit cents soldats Egyptiens & deux cents
chevaux, de recouvrer, l'épée à la main,
son gouvernement de Babylone. Les peuples tyrannisés par Antigone, appellaient
déjà, par leurs vœux, un vengeur : la
petite armée de Séleucus se grossit sur la
route, de tous les hommes qui se sentaient dignes d'avoir une patrie. Python
& Polyarque, qui commandaient dans la
ville, furent bientôt obligés de suivre le

torrent, & enfin le Héros rentra en triomphe, après trois ans d'exil, dans la Métropole de la Monarchie d'Alexandre. Cette entrée brillante fait une époque mémorable dans l'antiquité, parce qu'elle donne naissance à l'ère des Séleucides.

Comme c'eft de l'ère des Séleucides que date auffi, pour l'Hiftorien des hommes, le berceau de la Monarchie Syrienne, il n'eft point indifférent de la fixer avec précifion. Il s'eft écoulé depuis cette grande époque jufqu'à l'année 1780, 2092 ans; ce qui répond à l'an 1270 de l'ère de Paros, ou à la première de la cent dix-feptième olympiade.

CONQUÊTE DE L'INDE,

FONDATION DE VILLES,

ET RÈGNE BRILLANT DU PREMIER SÉLEUCUS (a).

Séleucus, en rentrant dans Babylone, reçut des peuples qu'il promettait de protéger contre les tyrans de l'Afie, le furnom de Nicator ou de Vainqueur, fous lequel il eft défigné dans les médailles. Pour achever de s'en rendre digne, il tenta de fe faire le libérateur des peuples qui gémiffaient fous le joug d'Antigone :

(a) *Diod. Sicul.* lib. 19, 20, *Plutarch.* in Demetr, *Juftin.* lib. 10, 15 & 17, *Arrian.* de Expedit. Alex. *Polyb.* lib. 5, *Strab.* Geogr. lib. 13, 15 & 16, *Lucian.* de deâ Syrâ & de Imaginib. Dial. 2, *Athen.* Deipnofoph. lib. 14, *Paufan.* lib. 1, *Appian.* in Syriac. & *Eufeb.* in Chronic.

sa valeur, & encore plus la douceur de
son gouvernement, le rendirent en peu
de temps le Souverain d'une partie de
l'Asie, & l'arbitre du reste. Pendant que
ce Prince était occupé à réduire les Mèdes,
Antigone, qui craignait pour ses états
héréditaires, envoya Démétrius, son fils,
avec quinze mille fantassins & quatre
mille chevaux, pour arrêter les progrès du
Conquérant. Démétrius, comme Alexandre, Céfar & Charlemagne, faisait toutes
ses campagnes avec la rapidité de l'éclair ;
il parut sur les frontières de la Chaldée,
lorsqu'on le croyait encore dans le Péloponèse. Patrocle, Gouverneur de Babylone, se sentant hors d'état de résister à
un ennemi supérieur en forces, & qui
marchait précédé de la plus brillante renommée, imita les Athèniens lors de
l'invasion de Xerxès ; il engagea les habitans à abandonner leur patrie, & à se
retirer jusqu'à l'arrivée d'un vengeur,
avec leur or & leurs familles, dans les
déserts qui bordaient la nouvelle Monar-

chie ; il se contenta de laisser une garnison dans les deux citadelles, qui proté-
geaient la ville du côté de l'Euphrate.

Démétrius entra donc, sans qu'il lui
en eût coûté une goutte de sang, dans
Babylone, qui n'était plus qu'un vaste
désert ; mais il déshonora son triomphe,
par des brigandages bien plus dignes d'un
Cambyse ou d'un Séfostris, que d'un Héros
du siècle philosophique d'Alexandre ; il
pilla la ville, brûla plusieurs de ses édifices
publics, & maltraita, par ses concussions,
le paisible cultivateur des campagnes. Ces
excès rendirent le nom Macédonien odieux
dans toute l'Asie, & cette haine donnant
par-tout une nouvelle énergie au patriotisme, fit que Démétrius fut contraint
d'abandonner Babylone, sans avoir pu
réduire une de ses deux citadelles.

Séleucus, vainqueur des Mèdes, vint
enfin au secours de ses peuples. A son
approche, les Babyloniens refluèrent, des
déserts où ils s'étaient réfugiés, dans leur
patrie, & bientôt il ne resta plus de traces

de la féroce invasion de Démétrius, si ce n'est par l'indignation avec laquelle la postérité de ses victimes poursuivit sa mémoire.

A mesure que Séleucus se rendait cher à sa nation, les peuples voisins qui ne savaient point être libres, cherchaient dans sa protection tutélaire un appui contre la tyrannie d'Antigone. C'est ainsi qu'il renferma peu-à-peu dans les limites de son Empire, la Bactriane & tous les pays que le Héros de la Macédoine avait subjugués de l'Indus à l'Euphrate.

Il ne manquait plus à la gloire guerrière de Séleucus, que la conquête de l'Inde, & il l'exécuta avec un succès que lui promettaient sans doute les faciles expéditions de Bacchus, d'Hercule & d'Alexandre.

Nous avons vu dans le cours de cette Histoire des Hommes, que l'Indien, toujours esclave de ses despotes, porté sans cesse à l'inertie par ses mœurs pacifiques, par son climat & par sa religion,

n'a eu, dans aucun temps, le courage de
se rendre libre. Le premier Conquérant
qui s'est présenté sur les bords de l'Indus,
a presque toujours chassé devant lui les
nations effrayées : il est vrai qu'après l'invasion, l'Indien, par un effet de son
inconstance naturelle, plutôt que de son
patriotisme, revenait peu-à-peu sous
l'obéissance de son premier Souverain,
& le Conquérant ajoutait ainsi à sa gloire,
sans rien ajouter à l'étendue de sa Monarchie.

Alexandre lui-même, malgré ses victoires, ne put s'affermir dans la Souveraineté du beau pays situé entre le Gange
& l'Indus. Après la mort du Héros, quand
les Indiens virent de près leurs Conquérans, quand ils s'apperçurent que la force
de la Macédoine résidait toute entière
dans la tête d'un Roi, qui n'était plus,
ils ne tardèrent pas à soupirer après leur
indépendance. Dans cette disposition des
esprits, il ne faut qu'un homme à grand
caractère, pour opérer une révolution.

Cet homme se trouva, & l'Inde secoua le joug des successeurs d'Alexandre.

On appelle Sandrocott, ce Héros qui fut le libérateur de son pays. Il était né dans la poussière, comme presque tous ces hommes extraordinaires qui ont changé la face du monde. Jeune, il servit dans l'armée d'Alexandre ; & comme son ame se révoltait contre toute idée de discipline, le Prince ordonna à un de ses gardes de le tuer. L'Indien, averti à propos, se sauva dans les montagnes, y rassembla des brigands, & quand il les vit assez aguerris, il leur proposa de chasser les Macédoniens des rives de l'Indus & du Gange.

Les brigands, armés de leur seule bravoure, battirent les vieilles cohortes d'Alexandre ; alors Sandrocott n'attendit pas que la patrie le récompensât de ses services, & il se fit Roi du pays qu'il venait de rendre libre.

Séleucus avait été de bonne heure instruit de la révolution ; mais au commencement de ſes démêlés avec Antigone, trop faible pour punir Sandrocott, il eut la politique de faire alliance avec lui; ainſi ce fameux rebelle ſe trouva affermi ſur le trône, par les mains de celui des ſucceſſeurs d'Alexandre qui était le plus intéreſſé à l'en faire deſcendre. Mais il jouit peu de ſa domination; ayant oſé, au ſein de la paix, paſſer au fil de l'épée les Grecs qui occupaient les garniſons des places au nom de la Macédoine, Séleucus vint, à la tête de ſes vieilles cohortes, punir cette perfidie. Sandrocott, à cette époque, était auſſi odieux à ſes peuples par ſa tyrannie, qu'aux étrangers par ſes violences. Les Syriens n'eurent qu'à ſe préſenter devant les places, pour qu'on leur en ouvrît les portes. Une armée Indienne parut vouloir arrêter leur marche triomphante; mais avant l'action, elle paſſa ſous leurs drapeaux. Alors Sandrocott, abandonné de tout le monde & pourſuivi de retraite en retraite, fut contraint de capituler avec ſon vainqueur;

qui eut la générosité de lui laisser le titre
de Roi & un petit état pour appanage.

Il est probable que de ce moment, la
partie de l'Inde soumise à Séleucus, songea peu à se dérober au joug qu'elle s'était
imposé. Au reste, les Grecs ne paraissaient
plus s'occuper de cette riche partie de
l'Asie, depuis la mort de Sandrocott. On
cite cependant le nom d'Amitrochar, un
de ses successeurs, pour un trait qui peint
bien la naïveté des mœurs Indiennes. Ce
Prince écrivit à Antiochus, pour qu'il
lui vendît des figues, du vin & un philosophe : on envoya à l'Indien du vin &
des figues ; mais on lui fit dire qu'un
Roi de Syrie n'était pas assez riche pour
acheter un philosophe.

Séleucus, au retour de son expédition
dans l'Inde, apprit qu'Antigone, Lysimaque, Cassandre & Ptolemée s'étaient
fait déclarer Rois dans les pays soumis
à leur puissance : comme ses conquêtes
en Asie lui donnaient autant de droits
à ce titre que l'ambition des Capitaines

d'Alexandre, dès qu'il rentra dans Babylone, il prit le diadême.

L'ambition infatiable d'Antigone s'irri-
tait par les jouiſſances : quand ce Prince
ſe vit Roi, il voulut régner ſeul en Europe & en Aſie. Alors ſe forma la ligue
puiſſante de la Syrie, de l'Egypte, de la
Thrace & de la Macédoine, pour maintenir l'Empire d'Alexandre dans ſon état
de démembrement. Séleucus, qui avait
une querelle perſonnelle à venger, mit
le plus d'activité dans ſes opérations, &
groſſit l'armée des Confédérés de cent
chars armés de faux, de quatre cents
quatre-vingts éléphants, de vingt mille
hommes de pied, & de douze mille chevaux.

La bataille qui, après vingt ans de
troubles, de guerres civiles & de déſaſtres,
devait décider à qui appartiendrait le vaſte
héritage du vainqueur de Darius, ſe donna
en Phrygie, dans les plaines d'Ipſus. On
fit, de part & d'autre, des prodiges de
valeur ; la fortune ſe rangea alternative-

ment fous l'un & l'autre drapeau ; enfin les Confédérés eurent le deffus. Antigone périt avec gloire fur le champ de bataille, & Démétrius, fon fils, fut trop heureux de pouvoir ramener dans les remparts d'Ephèfe, neuf mille foldats fugitifs, refte déplorable d'une armée de foixante & dix mille hommes, qui avait promis à Antigone la Monarchie univer-felle.

Séleucus, tranquille dans la poffeffion de fon vafte Empire, grace à la victoire d'Ipfus, mit fa gloire à bâtir des villes; ce qui s'accordait mieux avec l'intérèt des hommes, que de fe borner à en conqué-rir. Un jour, dit-on, qu'il facrifiait à Jupiter, une aigle fondit fur la victime, l'enleva dans fes ferres, & l'emporta fur le bord de la mer. Le Monarque ima-gina que le père des Dieux l'avertiffait, par fon oifeau, de bâtir une ville dans cet emplacement, & il y jetta les fon-demens de Séleucie. On fe croit au fiècle des Perfée & des Didon, quand on voit

que c'eft au vol d'une aigle que la Syrie
dut une de fes Métropoles.

La faine politique n'avait pas befoin
d'un vain préfage pour bâtir Séleucie; il
fallait, à l'embouchure de l'Oronte, une
fortereffe qui fervît de boulevard à l'Empire Syrien, fi un jour la Cilicie & la
Phénicie venaient à lever l'étendard de
l'indépendance, & il était impoffible de
choifir un emplacement plus favorable
pour ce deffein, que celui de la ville
de Séleucus. Outre fa pofition heureufe
au bord de la mer, & à quarante ftades
de l'embouchure de l'Oronte, elle était
défendue au nord par une longue chaîne
de montagnes, bordée par une vallée,
où des foldats ne pouvaient camper, foit
à caufe des défilés qui la coupaient, foit
à caufe des rocs efcarpés dont elle était
hériffée; du côté de la mer, on ne pouvait
pénétrer dans Séleucie, que par une
efpèce d'échelle faite de main d'homme,
& taillée à pic dans le rocher. Le vainqueur d'Ipfus embellit des plus fuperbes

monumens cette ville , que la nature avait pris, tant de soin à fortifier , & il en fit une seconde Babylone.

Peu de jours après que le plan de Séleucie fut donné , le Monarque Syrien se rendit dans une ville qu'Antigone avait commencé à bâtir sur l'Oronte ; il en transporta les matériaux de l'autre côté du fleuve , & au lieu du nom de son ennemi qu'elle portait , il lui donna celui de son fils Antiochus. C'est cette fameuse Antioche, composée de quatre villes différentes , séparées l'une de l'autre par leurs remparts particuliers , qui , peu-à-peu devenue la résidence de ses Souverains, fit oublier Babylone , & demeura la capitale de l'Empire des Séleucides.

A deux lieues d'Antioche , & au midi de l'Oronte , il y avait un village de Daphné , situé dans une plaine riante ombragée de myrthes & de cyprès , entre-coupée d'eaux vives , & représentant aux imaginations exaltées, la fameuse vallée de Tempé en Thésalie. Séleucus fit ériger dans ce lieu de féerie, un Temple à Diane & à Apollon, dont l'oracle, grace à quelques prédictions heureuses, devint bientôt le centre d'un nombreux pélerinage. C'est dans une fontaine du bosquet de Daphné, que dans la suite le crédule Adrien, alors citoyen obscur, lut, dit-on, ses hautes destinées : il trempa dans l'eau une feuille de laurier consacrée à Apollon, & une main surnaturelle y écrivit qu'il monterait un jour sur le Trône des Césars. Sans pouvoir expliquer par quel prestige les interprêtes de l'oracle en imposèrent ainsi à la crédulité d'Adrien, il est certain du moins, que ce Prince, devenu Empereur, craignit qu'on ne s'avisât, à son exemple, de lire l'avenir sur une feuille de laurier, & fit fermer la fontaine.

Outre Séleucie & Antioche, Séleucus fit encore bâtir dans cette belle partie de la Syrie, une ville d'Apamée, en l'honneur de la fille du Persan Artabase, & une Laodicée, à qui il donna le nom de sa mère. Ces quatre villes firent appeller dans le temps, la province, Tétrapole, & c'est sous ce nom qu'elle est encore désignée dans quelques géographes.

Si les traditions Syriennes sont authentiques, Séleucus bâtissait les villes presqu'aussi rapidement qu'un conquérant aurait pu les détruire. Dans les vingt dernières années de son règne, on dit qu'il en bâtit trente-cinq; c'est-à-dire, une Stratonicée, trois Apamées, cinq Laodicées, neuf Séleucies, & dix-sept Antioches.

HISTOIRE DE STRATONICE.

SES DEUX MARIAGES AVEC LE ROI ET AVEC SON FILS. ASSASSINAT DU PREMIER DES SÉLEUCIDES (a).

SÉLEUCUS voyant la mauvaise foi régner parmi les Princes qui avaient partagé avec lui les dépouilles d'Antigone, se réconcilia avec Démétrius, fils de ce Prince infortuné ; & pour gage de la paix, lui demanda Stratonice, sa fille, en mariage.

Stratonice, pour plaire à son époux, adopta sa passion dominante, celle de bâtir ; ainsi tandis que le Roi de Syrie couvrait sa Monarchie de villes nouvelles,

______

(a) *Paufan.* lib. 1, *Juftin.* lib. 17, *Appian.* in Syriac. *Strab.* Géogr. lib. 13, *Lucian.* de deâ Syrâ. *Plutarch.* in Demetr.

la Reine érigeait des Temples, par-tout où le demandait fa fuperftition ou fa vanité. Celui de Junon qu'elle éleva dans Hyérapolis, eft le plus célèbre de tous, à caufe des deux ftatues coloffales de Priape, placées dans fon parvis, &, qui, au rapport de Lucien, témoin oculaire, avaient trois cents coudées (au moins quatre cents vingt-deux pieds) de hauteur; ce qui conduirait, dans les principes de l'architecture, à fuppofer le Temple, le plus élevé du monde connu. Le Philofophe ajoute qu'il y avait des dévots qui grimpaient fans échelle au-deffus des Priapes, & fe tenaient pendant fept jours fur le fommet de leurs ftatues, afin que le voifinage du ciel leur procurât des illuminations. Mais les détails de ce genre feront plus à leur place dans l'hiftoire des Mœurs des Syriens, & de leur Religion.

Lorfque Stratonice partit pour pofer la première pierre du Temple d'Hyérapolis, Séleucus, dit-on, lui donna pour l'accompagner, Combabus, fon favori, le plus bel homme de fa cour. Celui-ci, qui, inftruit du tempéramment ardent de la Reine, preffentit qu'il aurait un jour le malheur d'en être aimé, pour fe dérober à la jaloufe fureur de fon Maître, fe mutila de fa propre main, & ayant placé fon organe générateur dans une boëte remplie d'aromates, porta ce préfent funefte à Séleucus, fans lui découvrir fon fecret, le priant feulement de fceller la boëte du cachet royal, & de la lui garder jufqu'à fon retour. Le preffentiment finiftre du Syrien ne tarda pas à fe réalifer. Stratonice qui avait à combattre à la fois un cœur fenfible, une imagination ardente & un ciel embrâfé qui parlait à fes fens, céda à l'inftinct de la nature, & voulut faire partager fon délire à Combabus. Le jeune eunuque réfifta, & la Reine paffant en un moment de l'amour le plus effréné à la haine la plus implacable, rivale dans fes fureurs de la Phèdre des Grecs, accufa auprès de fon époux Combabus lui-même, d'avoir voulu la violer. Le Roi, non moins crédule que Thesée, fit arrêter le nouvel Hypolithe, & ayant ordonné qu'on instruisît son procès, l'envoya au supplice. Combabus traîné à l'échafaud, pria Séleucus, pour dernière faveur, de lui rendre le dépôt qu'il lui avait confié. La boëte parut à l'instant, on en rompit le sceau, & le Prince y vit les preuves parlantes de l'innocence de son favori. Le crime royal fut réparé par l'érection d'une statue de Combabus, dans le Temple d'Hyérapolis.

Cette histoire étrange que les Prêtres de la Syrie contèrent à Lucien, & que celui-ci rapporte sans la garantir, paraît d'autant plus suspecte à un sage scepticisme, qu'on ne voit pas que depuis l'époque de la réhabilitation de Combabus, Stratonice aie jamais perdu les bonnes graces du Monarque son époux. Cette Princesse continua à faire bâtir des Temples, à présider à des fêtes, & sur-tout à chercher à plaire, ce qui, pour elle, était régner.

Stratonice, au reste, avait quelques droits à devenir l'héroïne d'un roman Oriental : dans l'âge heureux des graces, elle réuniffait la fenfibilité d'Afpafie à la coquetterie de Cléopâtre. Il était difficile qu'elle vécût long-temps avec un être fenfible, fans lui plaire & fans l'aimer. Antiochus, fils aîné du Roi, en fit une expérience qu'il paya moins chèr que Combabus.

Ce jeune Prince, éperdument épris de fa belle-mère, lutta long-temps contre fon penchant, avec cette pudeur de l'innocence qui n'a pas encore fecoué le joug des mœurs. Après de longs & inutiles combats, rougiffant de fes defirs, qu'il ne pouvait furmonter, & n'ofait fatisfaire, il feignit une maladie, pour avoir une occafion de fe priver d'alimens, & par conféquent de mourir. Erafiftrate, fon Médecin, après avoir épuifé vainement toutes les reffources de fon art, foupçonna que l'imagination feule du Prince était malade, & à force de multiplier fes obfervations, il reconnut qu'Antiochus (ce qui était un prodige chez le fils d'un defpote) périffait d'amour ; cette découverte le conduifit à une autre : comme il paffait le jour & la nuit au chevet du lit du Prince, il eut occafion, dans les vifites que rendaient les femmes de la Cour à cet héritier préfomptif de la couronne, d'épier tous les mouvemens & tous les regards qui pouvaient trahir le fecret de fon cœur. En effet, quand les beautés les plus accomplies paraiffaient dans l'appartement du malade, auffi infenfible qu'une ftatue, il fe détournait à peine pour les regarder. Il n'en était pas de même à l'approche de Stratonice ; fa voix éteinte, fa refpiration embaraffée, la pâleur de fon vifage, qui contraftait avec le feu de fes regards, tout, jufqu'à l'inégalité de fon poulx, annonçait la préfence de l'objet qui parlait à fon ame avec tant d'énergie. Erafiftrate, tranquille & fur le mal & fur le remede de fon malade, alla à l'inftant trouver Séleucus.

ERASISTRATE.

Seigneur, enfin la maladie de votre fils m'est connue; il marche à pas précipités vers la tombe, entraîné par un amour violent, mais sans remède.

SÉLEUCUS.

Comment, un amour sans remède! & il est fils de Roi!

ERASISTRATE.

Il faut vous dévoiler son ame toute entière. L'infortuné est épris de ma femme.

SÉLEUCUS.

Eh bien, mon cher Erasistrate! l'amitié, le patriotisme, savent faire des sacrifices; songe que mon existence est enchaînée à celle de mon fils, que les peuples voient en lui l'héritier de ma couronne.

ERASISTRATE.

Je vous entends, Seigneur; mais vous-

même, pour fauver Antiochus, lui céde-
riez-vous votre fenfible Stratonice?

SÉLEUCUS.

Plut au ciel que l'amour l'égarant, le
fît brûler pour la Reine! mon trône, ma
femme, ma vie, tout eft à lui.

ERASISTRATE.

Seigneur, vous avez jugé entre vous
& votre fils. Antiochus aime en effet
Stratonice, & c'eft à vous que la nation
s'en prendra, s'il acheve de mourir.

Séleucus ne balança point, il affembla
tous les Ordres de l'Etat, & leur déclara
qu'en vertu du pouvoir suprême, il
uniffait Stratonice à Antiochus, qu'il
déclarait en même-temps Roi d'Afie. Une
générofité fi coupable, fut un fcandale
pour l'Orient. Cependant Antiochus ferait
encore plus à plaindre qu'à blamer, s'il
était vrai, comme l'affure Julien dans fon
Mifopogon, que ce Prince, ami des
mœurs, malgré la violence de fa paffion,

satisfait du nom d'époux de Stratonice, ne consentit, qu'après la mort de son père, à consommer son mariage.

Cette mort n'arriva que trop tôt (a), pour le malheur de la Syrie. Démétrius, son beau père, Prince d'un génie actif, capable de tout entreprendre & de tout exécuter, ayant imaginé de l'enlever pendant la nuit au milieu de son camp; trahi par un transfuge, & pris dans ses propres piéges, avait été contraint de se rendre au Roi de Syrie, qui le faisait garder à vue auprès de Laodicée, pour l'empêcher de troubler le repos de sa Monarchie. Malheureusement au moment où

____

(a) Nous supposons que le second mariage de Stratonice se fit deux ans au plus avant la mort de Séleucus; car le systême vulgaire des Chronologistes, qui met entre ces deux évènemens un intervalle de dix ans, est absurde, puisqu'il en résulterait qu'Antiochus, assez sensible pour mourir d'amour, maître de jouir de Stratonice, aurait gardé dix ans avec elle la continence.

il signait l'ordre de sa liberté, le Prince mourut des suites de son intempérance; & l'envie qui veille sans cesse, pour dégrader les bons Rois, accusa Séleucus de cette mort, parce qu'elle lui était utile. Le Monarque le fut, & quoique trente ans de biens qu'il avait fait à la Syrie, déposassent contre ce soupçon calomnieux, le chagrin qu'il en conçut altéra les derniers principes de vie qui lui restaient encore, & si sa destinée eût été de mourir dans son lit, il aurait avancé la fin de sa carrière.

Pour prouver à l'Orient que sa cour pouvait être l'asyle des Rois opprimés, Séleucus reçut dans sa capitale Céraunos, héritier naturel du Trône de l'Egypte, mais que Ptolemée, son père, instruit de son caractère atroce, avait déshérité, pour transporter ses droits à Philadelphe. Il fit avec lui une guerre heureuse contre Lysimaque, Souverain de la Thrace; & au retour de son expédition, ne se croyant plus en état, à cause des glaces de l'age, de gouverner son vaste empire, il projetta d'en abandonner totalement les rênes à son fils, & d'aller passer le reste de ses jours dans la Macédoine. Plein de cette idée, il traverse l'Hellespont avec Céraunos, & aborde à la Cherfonnèse de Thrace. Un jour qu'il parcourait dans cette contrée des monumens antiques, on lui montra un autel, qui portait de temps immémorial, le nom d'Argos : ce mot, dit-on, le troubla ; il se rappella un oracle qui l'avait averti de se défier d'Argos ; & jusqu'alors il n'avait pas imaginé que le présage désignât autre chose que la ville de ce nom, une des Métropoles du Péloponèse. Pendant que tout entier à son inquiétude, il demandait des éclaircissemens sur l'origine de cet autel, Céraunos, qui était derrière lui, tira son poignard, & l'étendit mort sur la place. Depuis que les Syriens s'étaient rassemblés en société, on n'avait jamais entendu parler d'un assassinat aussi lâche & aussi odieux. Cependant Céraunos ne fut pas même arrêté ; & Antiochus oubliant un attentat auquel il devait un trône sans partage, fut assez vil pour se réconcilier avec cet ennemi né du ciel & des hommes.

Le fondateur de la Monarchie Syrienne mourut, suivant les uns, la soixante-treizième, & suivant les autres, la soixante-dix-huitième année de son âge. Il en avait régné trente-deux, à calculer depuis son entrée triomphante dans Babylone, époque de l'ère fameuse des Séleucides.

Séleucus fut de tous les Capitaines d'Alexandre, celui qui obtint la meilleure part dans son héritage. L'Empire qu'il créa s'étendait presque du Gange jusqu'à la Méditerranée, & renfermait soixante & douze provinces. Jamais le trône de Cyrus, au temps de sa plus grande gloire, n'avait embrassé ainsi la majeure partie de l'Asie, & il faut dire à la louange du Législateur Syrien, qu'il étendit encore plus sa Monarchie par la douceur de fon gouvernement, que par fes conquêtes.

Séleucus aimait la philofophie & les arts ; le Géomètre Leptine, le Phyficien Erafiftrate, & l'Hiftorien Mégafthène eurent une grande part à fa confiance. Il envoya ce dernier en ambaffade à San-drocott, & à fon retour, il l'engagea à publier une relation de fon voyage. Telle eft l'origine de l'*Hiftoire des Indes* de Mé-gafthène, dont les anciens faifaient quel-que cas, mais dont nous ne pouvons juger aujourd'hui que par quelques fragmens dont Strabon a embelli fa géographie, & Pline fon hiftoire naturelle.

Séleucus, affez ami de la vraie gloire pour defirer que fon nom lui furvécût, chercha à fe concilier la bienveillance des difpenfateurs de la renommée, qui étaient alors prefque tous dans le Pélo-ponèfe. Inftruit dans fon expédition de l'Afie, que Suze confervait encore dans fes remparts, la bibliothèque & les mo-numens d'Athènes enlevés autrefois par

Xerxès, il les fit rendre à leurs maîtres légitimes, avec les statues d'Harmodius & d'Aristogiton. Athènes, par reconnaissance, érigea un buste de Séleucus au-devant du portique de son Académie.

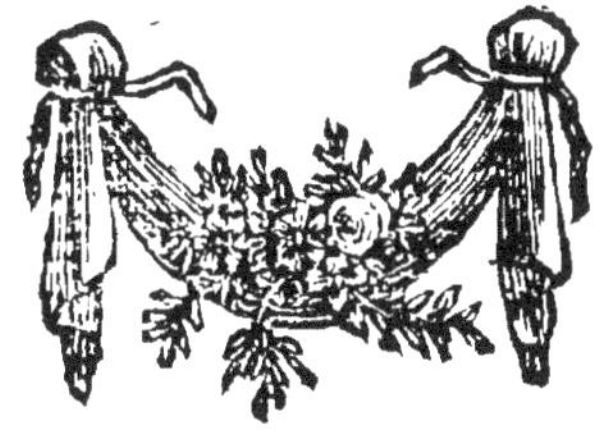

DES MŒURS DES SYRIENS,

ET

DE LEUR RELIGION.

DANS les Etats soumis au pouvoir absolu, il y a très-peu de chose à dire des Mœurs des peuples, parce qu'en général le Philosophe n'y voit point de trait caractéristique, si ce n'est l'inertie & la lâcheté. Quand on traite l'histoire des Républiques, l'homme y paraît tout entier dans l'excellence de son origine ; il peut être dessiné sous toutes les faces, & le pinceau du Peintre s'élève naturellement à la hauteur de son sujet. Mais tous les esclaves qui ont dormi & qui dorment encore sous le pouvoir arbitraire, depuis l'ancien sujet des Pharaons, jusqu'au Musulman qui reçoit à genoux, des mains d'un muet, l'ordre de laisser tomber sa tête ; tous ces esclaves, dis-je, quelque nom qu'on leur donne, Egyptiens ou Japonais, Perfes ou Mogols, Syriens ou Turcs, ont exactement la même phyfionomie, & quand on a dit : *ils ont ceffé d'être hommes ,* il femble qu'on foit difpenfé d'écrire leur hiftoire.

Hâtons-nous donc de faifir quelques nuances du caractère Syrien, avant que le defpotifme l'ait totalement dégradé , & à cet effet, tâchons de le peindre dès l'origine de la Monarchie des Séleucides.

Les Syriens , par leur voifinage de la Méditerranée, & leurs liaifons avec les Phéniciens, qui en eurent fi long-temps l'empire, s'éclairèrent de bonne heure des lumières de tous les peuples qui avaient la mer pour limites de leurs poffeffions. Ils fe formèrent donc avant le temps, & par conféquent fe corrompirent plutôt que s'ils avaient vécu ifolés au fein de leurs montagnes. Le luxe, ce poifon lent de toutes les Monarchies, dévorait déjà la Syrie à l'avénement de Séleucus; & ce luxe dévaftateur, ne fit que s'accroître par les richeſſes immenſes que ce Monarque recueillit de ſes conquêtes.

Il ne faut gueres chercher l'amour de la gloire parmi les peuples auxquels le luxe crée ſans ceſſe de nouveaux beſoins : auſſi le Syrien , incapable de ces traits ſublimes de grandeur d'ame , de ces dévouemens généreux qu'on rencontre à chaque inſtant dans les annales d'Athènes & de Lacédémone , ne ſe piqua jamais que de remplir des devoirs vulgaires dont il attendait ſa récompenſe : on le voit attaché à la ville qui le nourrit , au guerrier qui le paye , au Monarque qui l'honore ; mais jamais il ne s'aviſa dé ſauver un de ſes concitoyens , pour avoir une couronne de chêne ; jamais il n'affronta la mort pour avoir une ſtatue.

Plutarque & Lucien , qui , de tous les Ecrivains de l'antiquité , ſont ceux qui ont le mieux connu la nation Syrienne , nous la repréſentent comme entièrement deſtituée d'énergie. Dans les grandes calamités publiques , l'homme d'état ne favait que pleurer, les habitans des villes, que fe réfugier dans les Temples, les fanatiques que fe faire eunuques.

Le talent de pleurer était fur-tout particulier à ce peuple de femmes. Le Syrien perfuadait fes Juges quand il les attendriffait; la Syrienne en verfant des larmes, était fûre de tout fubjuguer. Cet art fut porté à un tel point de perfection dans le pays dont nous écrivons l'hiftoire, que quand Rome l'eut englouti dans fes vaftes conquêtes, elle faifait pleurer fes morts par des Syriens à fes gages. Il eft probable que cette pente à la démonftration de la pitié, influait fur le caractère de l'éloquence des Syriens, & de leur art dramatique. Mais nous ne pouvons juger fi ce pathétique était dans la nature, le temps ne nous ayant rien confervé ni de leur théâtre ni de leurs harangues.

Pour connaître d'une manière un peu moins vague les Syriens, il faut les étudier dans leur religion, dont Lucien nous a dévoilé toutes les abſurdes & ſanglantes mommeries, dans ſon petit traité ſur le culte de la grande Déeſſe d'Hyérapolis ; & pour ne point nous égarer dans de vaines conjectures, nous allons tranſcrire, en l'analyſant, l'ouvrage de cet ingénieux Philoſophe.

« Il y a en Syrie, non loin de l'Eu-
» phrate, une ville d'Hyérapolis, qu'on
» nomme ſacrée, à cauſe de la Junon
» d'Aſſyrie, qui en eſt la Divinité tute-
» laire. Au rapport des Prêtres, on voit
» dans le plus célèbre de ſes Temples,
» les ſtatues ſuer, ſe mouvoir d'elles-
» mêmes, rendre des oracles ; auſſi la
» richeſſe de cet édifice égale-t-elle ſa
» célébrité.

» Je m'empreſſai à demander des
» lumières ſur l'origine de ce Temple ;
» alors on m'inſtruiſit également de la
» doctrine ſecrette & de la doctrine
» publique. Ces traditions, quoique

____

(a) *Lucian.* de deâ Syrâ.

» conformes, pour la plupart, à la théo-
» gonie Grecque, me parurent de l'âge
» des fables, & si je les rapporte en
» historien fidele, c'est sans avoir la
» stupidité de les garantir.

» Le Scythe Deucalion jetta, dit-on, les
» premiers fondemens de ce Temple. Les
» Grecs, à cette époque antique, étaient
» sans foi, sans mœurs & sans huma-
» nité; la terre inondée par les eaux de
» la mer qui la couvrirent, rejetta ces
» ennemis des Dieux de son sein. Le sage
» Deucalion échappa seul au naufrage,
» grace à un arche où il se sauva avec sa
» famille, & une couple d'animaux de
» chaque espèce, qui le suivirent volon-
» tairement, sans attenter à sa vie, & sans
» s'entre-détruire. Ce Scythe favorisé du
» ciel, vogua jusqu'à ce que la mer fût
» rentrée dans son lit naturel, ensuite
» il repeupla le genre humain. On prétend
» que la terre d'Hyérapolis fut desséchée
» la première, à cause d'un abyme qui
» s'ouvrit dans son sein, & où toutes les

» eaux furabondantes allèrent s'engloutir.
» C'est en mémoire de ce grand événe-
» ment, que le Temple primitif fut érigé
» par Deucalion.

» Une autre opinion veut que l'érec-
» tion du Temple foit due à Sémiramis,
» qui voulut faire l'apothéofe de Dercèto,
» fa mère; mais cette Dercèto eft toujours
» repréfentée en fyrène, c'eft-à-dire en
» femme dans la partie fupérieure du
» corps, & en poiffon depuis la ceinture.
» Au lieu que la ftatue de la Divinité
» d'Hyérapolis eft celle, non d'un monftre,
» mais d'une vraie femme. Malgré cette
» contradiction, le poiffon, fymbole de
» Dércèto, & la colombe Type de Sémi-
» ramis, font facrés en Syrie, & on ne
» peut en manger fans facrilège.

» Il y eut un favant digne de foi, qui
» m'affura de fon côté, que le Temple
» avait été confacré à Rhéa par Atys.
» Ce Héros, depuis que fa protectrice
» l'avait fait eunuque, vivait en femme,
» & parcourait la terre pour faire des

» profélytes à la Déeſſe. Arrivé en Syrie,
» il érigea le Temple d'Hyérapolis. C'eſt
» à lui qu'on doit la grande ſtatue montée
» ſur un char attelé de lions, & ayant des
» tours pour couronne.

» Les Grecs, d'une autre part, veulent
» que la Déeſſe d'Hyérapolis ſoit Junon,
» & que le Temple ait été élevé par leur
» Bacchus, au retour de ſon expédition de
» l'Ethyopie.

» Quoiqu'il en ſoit de toutes ces tra-
» ditions, ce Temple primitif n'exiſte
» plus, & celui qu'on voit à préſent eſt
» l'ouvrage de Stratonice, femme de Sé-
» leucus, la même qui épouſa ſon beau-
» fils du vivant de ſon époux. (*Ici eſt*
» *l'hiſtoire des amours & de la maladie*
» *d'Antiochus*). Quand cette Reine de
» Syrie vint poſer les fondemens de cet
» édifice, on lui donna pour l'accompa-
» gner le jeune Combabus, qui fut le
» martyr de ſa continence (*hiſtoire de*
» *Combabus*). Pluſieurs des amis de ce
» Syrien le voyant rentré en faveur,

» osèrent, foit par flatterie, foit par inf-
» piration, fe rendre eunuques comme
» lui.

» Combabus cependant, quoiqu'il eût
» ceffé d'être homme, en portait les
» habits. Une méprife qui entraîna un
» fuicide, l'obligea à adopter les vête-
» mens d'un autre fexe. Une étrangère,
» encore dans la fleur de l'âge, conçut
» pour cet eunuque un amour effréné,
» & prête du dénoûment, lorfqu'on vint
» à l'éclairer fur la mutilation de fon
» amant, elle fe tua de défefpoir. De
» ce moment, Combabus, fes adulateurs
» qui s'étaient fait eunuques, les Prê-
» tres mêmes du Temple s'habillèrent
» en femmes, & il n'y eut plus de mé-
» prife.

» Le Temple d'Hyérapolis, bâti par
» Stratonice, eft au centre de la ville,
» fur une colline, & protégé par une
» double enceinte de murailles. Il s'an-
» nonce par un parvis de cent toifes, où
» font des Priapes de cent coudées de

» hauteur (*a*). Un Syrien, malgré le
» danger, y grimpe deux fois par an, &
» demeure perché fur la tête du dieu des
» jardins, l'efpace de fept jours. Les dévots
» croient que de cette efpèce de fanc-
» tuaire, il converfe plus aifément avec
» les dieux.

» L'infpiré, pour ne pas mourir de
» faim, tire avec une corde qu'il porte
» avec lui, les alimens qu'on lui prépare.
» Ceux qui entrent dans le Temple, font
» une offrande, fuivant leur fortune,
» d'une pièce d'or, d'argent ou de cuivre,
» & difent leur nom à un Syrien qui
» veille au dépôt. Celui-ci en avertit à
» l'inftant l'infpiré, qui prie pour le
» Néophyte, en fonnant à grand bruit une
» clochette.

» Cet infpiré paffe, fans dormir, les

____

(*a*) Dans la plupart des éditions de Lucien,
on lit *cent toifes* ; c'eft fûrement une erreur. Il
n'y eut jamais de Priapes de dix-huit cents pieds,
que dans les Contes orientaux, ou dans le Roman
de Micromégas.

» fept nuits de fon pélerinage. On conte
» que du moment qu'il s'abandonne au
» fommeil, il y a là un fcorpion qui le
» tire de fon affoupiffement. Je ne puis
» rien dire que de vague fur ce fcorpion,
» parce qu'il fait fans doute partie des
» myftères de la Déeffe; mais il me femble
» que la crainte du Prophête de tomber
» du Priape, doit fuffire pour l'empêcher
» de fuccomber au fommeil.

» Les portes du Temple font d'or, auffi
» bien que le faîte & la furface du mur
» intérieur : on fent, en y entrant, une
» odeur aromatique, pareille à celle qui
» s'exhale dans les plaines de l'Arabie Heu-
» reufe; merveille dont on conferve toute
» fa vie la mémoire.

» La ftatue du fanctuaire la plus faite
» pour frapper les regards, eft celle de
» Junon : elle tient un fceptre d'une main,
» &, de l'autre, une quenouille. Sa tête,
» entourée d'un arc lumineux de rayons,
» porte une couronne de tours : on a dé-
» coré fon front d'un efcarboucle, qui jette

» tant de feu, que la nuit le Temple tout
» entier en eſt éclairé. Une autre mer-
» veille de cette Junon, c'eſt que, de quel-
» que point du ſanctuaire qu'on la conſi-
» dère, elle ſemble toujours vous regarder.

» Les curieux obſervent encore, dans le
» Temple, une niche pour le ſoleil; mais
» ſa ſtatue n'y eſt point. Les Syriens diſent
» qu'il ne faut pas repréſenter des Dieux
» viſibles, qu'on dégrade toujours par de
» faibles images.

» L'Apollon d'Hyérapolis, par une au-
» tre ſingularité, paraît avec de la barbe,
» & dans l'âge de la maturité, non ſous
» la forme d'un bel adoleſcent, comme
» chez les Grecs. On eſt perſuadé, en
» Syrie, qu'un Dieu adoleſcent eſt un être
» imparfait.

» Cet Apollon ne rend point d'oracles
» par l'organe de ſes Prêtres, mais par
» lui-même. Quand il veut prédire, il
» s'ébranle; alors les Miniſtres des autels
» le chargent ſur leurs épaules; &, s'ils
» s'y refuſaient, on verrait le Dieu ſe

» mouvoir lui feul, en exhalant une fueur
» qui annonce fa fatigue. Quand les Prê-
» tres le tiennent, il les conduit comme
» il veut, & avec la même aifance qu'un
» cocher habile dirige fes chevaux. Pen-
» dant toutes ces manœuvres, le grand
» Pontife l'interroge : fi la demande lui dé-
» plaît, fa ftatue recule, finon elle avance;
» & je l'ai vue, une fois, s'élever dans les
» airs. Le Dieu prédit le changement des
» faifons, la variation de l'atmofphère, &
» l'approche de la mort.

» On comptait, de mon temps, au
» moins trois cents Prêtres occupés à def-
» fervir le Temple d'Hyérapolis : ils font
» tous vêtus de blanc; mais le grand Pon-
» tife, qui les préfide, a une robe de pour-
» pre, avec une thiare d'or. On a borné
» à un an l'exercice de fon pouvoir.

» Outre ces trois cents Prêtres, il y a
» une foule de Miniftres fubalternes, parmi
» lefquels on peut ranger les Prêtres Eu-
» nuques, & les Pythies qui fe mêlent du
» métier de Prophète.

» Près du Temple, on trouve un petit
» lac, qu'on dit être de deux cents braſſes
» de profondeur, rempli de poiſſons, qui
» ont chacun leur nom particulier, & qui
» viennent à la voix qui les appelle. Au
» centre de cette pièce d'eau, paraît un aū-
» tel de pierre, auquel le peuple attribue
» un mouvement ſpontané; mais je crois
» qu'il vient de l'agitation des colonnes
» ſur leſquelles il eſt porté. Cet autel reçoit
» l'encens d'une foule de perſonnes qui y
» abondent à la nage.

» Dans les fêtes ſolemnelles, on porte
» au lac les ſtatues de tous les Dieux d'Hyé-
» rapolis, & Junon les précède. On craint
» que Jupiter n'enviſage les poiſſons avant
» elle; ce qui, dans l'idée populaire, les
» ferait mourir.

» D'autres cérémonies religieuſes ſe font
» à la mer. Les dévots qui y vont en pé-
» lerinage, en rapportent chacun un vaſe
» plein d'eau, & ſcellé. Un Prêtre Eunu-
» que le reçoit ſur les bords du lac ſacré,
» où il réſide, & rompt le cachet pour de

» l'argent; ce qui lui apporte un très-
» grand revenu.

» La fête la plus brillante d'Hyérapolis,
» est celle qu'on célèbre à l'entrée du prin-
» temps, & qu'on connaît sous le nom
» de la fête des Bûchers. On coupe, le
» jour de la cérémonie, de grands arbres,
» que l'on plante devant le portique du
» Temple, & l'on y suspend des brebis
» & des chèvres vivantes, avec des ban-
» delettes de tissu d'or ou d'argent; ensuite
» on y met le feu, après avoir promené
» les Dieux à l'entour. On accourt à cette
» fête de toutes les parties de l'empire Sy-
» rien, & chacun y apporte les idoles qu'il
» honore. Pour augmenter la pompe de la
» procession, après l'incendie des arbres,
» la multitude entre dans le Temple, &
» les Prêtres Eunuques, pour occuper son
» attention, se frappent les uns les autres
» avec des verges, ou se piquent le coude
» avec des lancettes.

» Dans l'intervalle, on chante, hors du
» Temple, des hymnes qui semblent ins-

pirés

» pirés fur-le-champ. Quelques-uns for-
» tant de leur extafe prophétique, entrent
» tout d'un coup en fureur, prennent
» leur couteau, & fe mutilent; puis, cou-
» rant tous nuds par la Ville, ils jettent
» leur organe générateur dans la premiere
» maifon qui leur plaît; alors l'habitant
» eft obligé de leur, fournir une robe de
» femme, dont ils fe revêtent auffi-tôt.
» Quand ces Eunuques meurent, on ne les
» porte point au bûcher; on va les enterrer
» hors de la Ville : encore ceux qui fe char-
» gent de ce lugubre miniftère font-ils
» cenfés impurs pendant fept jours, & l'en-
» trée du Temple leur eft interdite jufqu'à
» ce qu'ils fe purifient.

 » L'ufage n'eft point de facrifier les vic-
» times dans le Temple; on fe contente
» de les amener à l'autel, & d'y faire les
» libations; enfuite on les ramene chez foi,
» & alors on les immole.

 » Dans quelques occafions on couronne
» fa victime fur l'autel, puis on la lâche
» à la porte du Temple, d'où elle fe pré-

» cipite. Comme l'édifice eſt aſſis ſur la
» pointe d'un rocher, la victime eſt morte
» avant d'avoir atteint la fin de ſa carrière.

» Il y a des fanatiques à qui leurs pro-
» pres enfans ſervent de victimes; alors il
» les enferment dans un ſac, & les jettent
» au bas du rocher, leur reprochant qu'ils
» tiennent de la nature des bêtes, plutôt
» que de celle de l'homme.

» C'eſt encore par piété que les Syriens
» ſe percent d'un fer chaud, ſoit au col,
» ſoit au poignet. Je n'en ai vu aucun
» qui n'eût, ſur ſon corps, des traces de
» brûlure ».

Ce ſeroit gâter ce tableau original de
Lucien, que d'y ajouter une bordure. Les
mœurs ſerviles des Syriens, les pratiques
ſuperſtitieuſes de leurs dévots, le fanatiſme
de leurs Prêtres, s'y montrent dans tout
leur jour. Ce qui ajoute encore au mérite
de cette deſcription, c'eſt que, par la tour-
nure ingénieuſe du récit, le mal de la crédulité y paraît toujours avec ſon antidote.
Tranquilles ainſi ſur l'intelligence de nos

Lecteurs, nous nous croyons dispensés de les prémunir contre une religion à la fois stupide & atroce, comme nous l'avons fait dans les histoires de l'Egypte & de Carthage.

HISTOIRE

DES SÉLEUCIDES,

JUSQU'AU RÈGNE D'ANTIOCHUS LE GRAND (a).

Il y a, entre les deux règnes brillans du fondateur du trône de Syrie & d'Antiochus le Grand, un intervalle de cinquante-sept ans, assez stérile en faits, qui mérite peu d'occuper une place dans l'Histoire des Hommes. Les quatre Princes qui ont régné pendant ce demi-siècle, à quelques anec-

---

(a) *Justin.* lib. 17, 25, 27, 29 & 41, *Pausan.* lib. 1, 7 & 10, *Polyb.* lib. 4 & 5, *Strab.* Geogr. lib. 11, 12 & 13, *Tit. Liv.* lib. 38, *Athén.* Deipnosoph. lib. 2, 4 & 6, *Polyen.* Stratag. lib. 7 & 8, *Plutarch.* in Arat. & Demetr. *Lucian.* in Xeuxid. *Appian.* in Syriac. *Valer. Maxim.* lib. 9, *Joseph.* Antiq. Judaïc. lib. 12, *Suidas.* Lexic. *Phot.* in Excerpt. *Cæl. Rhodig.* Question. lib. 3.

dotes près, ne font bons qu'à figurer dans une table chronologique.

ANTHIOCHUS I, ou SOTER, plus occupé à jouir de Stratonice qu'à conferver la gloire de fa Monarchie, ternit, comme nous l'avons vu, le commencement de fon règne, par une lâcheté. Au lieu de venger l'affaf-finat d'un père qui devoit lui être cher à tant de titres, il fe laiffa gagner par les adulations de Céraunos, fit un traité de paix avec lui, & prêta une grande fomme d'argent à Pyrhus, qui avait époufé la fœur de ce fcélérat, pour faire la conquête de l'Italie.

L'Afie Mineure apprenant l'impunité du meurtre de Séleucus, fe fouleva, & plufieurs de fes Métropoles fecouèrent le joug Syrien. Patrocle, à la tête d'une ar-mée nombreufe, traverfa le mont Taurus pour les réduire; mais auffi faible que le Monarque dont il défendait la caufe, il permit aux rebelles de vivre dans l'indé-pendance. A fon retour, un Roi de By-thinie, dont il ne fe défiait pas, attendit l'armée Syrienne dans un défilé, & la passa toute entière au fil de l'épée : le Général lui-même périt sur le champ de bataille.

Antiochus, réveillé de sa léthargie par l'indignation de ses peuples, voulut aller en personne, venger la défaite & la mort de Patrocle. Dans l'intervalle, le Roi de Bythinie avait conclu une ligue avec Antigone Gonatas, Roi de Macédoine. Quand les armées ennemies furent en présence, le Monarque Syrien n'osa combattre, fit une retraite ignominieuse, & à son retour à Antioche, oubliant & la Bythinie, & son allié, il donna sa fille en mariage au Roi de Macédoine.

A cette époque les Gaulois ravageaient l'orient ; &, maîtres de presque tout le pays qui s'étend du mont Taurus à la mer, ils menaçaient d'aller porter la désolation dans les plaines riantes qu'arrosent l'Oronte & l'Euphrate. Antiochus, qui, craignait pour son trône & pour sa vie, devenu encore guerrier malgré lui, marcha pour leur fermer l'entrée de fa Monarchie. Ses troupes, égarées par fon inexpérience, plièrent dans une première action ; mais il ramena la fortune fous fes drapeaux par un ftratagême. Ce Prince affembla fes foldats découragés, leur dit qu'Alexandre lui était apparu, & leur annonça, en fon nom, la plus brillante des victoires. Les Syriens devenus patriotes, par crédulité, firent en effet des prodiges de valeur, & taillèrent en pièces les barbares. C'eft à l'occafion de cet événement heureux, que les efclaves courtifans de Séleucie & d'Antioche, donnèrent à Antiochus le nom de *Soter*, ou de *Sauveur*, titre que l'amour-propre du Prince adopta, dans les médailles qu'il fit frapper pour éternifer fa victoire.

Antiochus, comme s'il avait épuifé toute fa vigueur dans l'expédition contre les Gaulois, ne fit plus que dormir fur le trône, à l'ombre de la gloire de fon père. Cette efpèce de léthargie dura quatorze ans; enfuite il mourut : il y en avait dix-neuf que le premier des Séleucides avait été assassiné. L'unique trait de conformité que ce faible Prince ait eu avec le Héros son père, est d'avoir bâti quelques villes. On cite, en particulier, une Antioche dans la Margiane, & une Apamée en Phrygie, vers l'embouchure du fleuve Marsyas.

ANTHIOCHUS II, ou THÈOS I, frere du dernier Roi, était né de la trop fameuse Stratonice. Milet lui donna le surnom de Thèos, ou de Dieu, parce qu'il l'avait délivrée du joug de Timarque, un de ses tyrans. Ce Dieu de Milet ne fut, pour la Syrie, qu'un Roi statue, & Bérose, en lui dédiant son histoire de Babylone ne put même lui faire partager sa renommée. Bérose est ce Prêtre de Bélus, qui se rendit célèbre dans le Péloponèse, par ses connaissances astronomiques, & auquel Athènes, dans son enthousiasme, érigea une statue avec une langue d'or au milieu de son gymnase.

Deux évènemens honteux déshonorèrent le règne du second Antiochus : l'un est la défection du Théodote, Gouverneur de la Bactriane, qui, ayant fait paſſer ſous ſon joug les mille fortereſſes dont on lui avait confié la garde, prit impunément le diadême, & le garda, dirai-je avec la même audace, dirai-je avec les mêmes droits qu'un ſucceſſeur d'Alexandre.

Un démembrement bien plus fatal encore dans ſes conſéquences, eſt celui de la Parthiène. Le Satrape Agathocle ayant voulu faire violence à un Parthe, cet attentat, contre les mœurs publiques, opéra une révolution. Arſace, frère du jeune Ganymède, alla égorger, dans ſon palais, le tyran de ſon pays, & ſe fit proclamer Roi. Cet Arſace, eſt le fondateur de l'empire des Parthes, qui engloutit la moitié de l'Aſie, & que Rome, armée de toutes les forces du reſte du monde, ne put jamais venir à bout de ſubjuguer.

Le Dieu Roi des Milèſiens, ne fut pas plus heureux, au ſein de ſa famille, que dans ſes rapports politiques avec ſes peuples; il avait eu la faibleſſe de répudier Laodice, à la fois ſa femme & ſa ſœur,

pour époufer Bérénice, fœur de Phila-
delphe, & s'était engagé, par une claufe
encore plus humiliante de fon traité avec
l'Egypte, d'exclure de la couronne les deux
enfans qu'il avait de Laodice, pour la faire
paffer fur la tête des fils qui naîtraient de
fon fecond mariage. Ce traité, comme
nous l'avons dit ailleurs, bleffait effentiel-
lement le droit de la nature ; mais, dans
les querelles des Rois, on ne cite, d'ordinaire, que le droit des Couronnes. Auffi
ces difpofitions étranges ne fubfiftèrent
qu'autant que l'Egypte, qui les avait
dictées, fe fit craindre. A peine Phila-
delphe était-il expiré, que le Séleucide
répudia la Princeffe Egyptienne, & fit
remonter fur le trône Laodice. Celle-ci,
qui appréhenda que fon époux, par un
effet de fa légèreté naturelle, ne retournât
à fa rivale, employa l'art terrible des Lo-
cufte & des Médée, pour affurer la couronne à fes fils : elle fit verfer un poifon
fubtil dans un breuvage d'Antiochus, &
ce Prince en périt, après avoir tenu quinze

ans de ſes mains chancelantes les rênes de l'Aſie. Il n'avait fait de bien à perſonne, & perſonne ne parut le regretter.

SÉLEUCUS II, ou CALLINIQUE. — Laodice s'y était priſe avec toute l'adreſſe des tyrans, pour étouffer ſon crime, & empêcher que l'empoiſonnement du père, ne nuisît à l'élévation du fils. Il y avait à la cour un Syrien nommé Artémon, qui reſſemblait parfaitement à Antiochus Théos, ſoit par les traits du viſage, ſoit par le ſon de la voix. Au moment où le Monarque ne fut plus, elle fit placer ce perſonnage théâtral dans le lit du Prince, & il joua ſi bien ſon rôle, que toute la cour y fut trompée. Il parut un édit du faux Antiochus, qui nommait Callinique l'héritier préſomptif de la couronne. Auſſi ce Prince, lorſqu'il plut à ſa mère d'annoncer la mort du dernier Roi, fut reconnu ſans obſtacle, & Antiochus Hyerax, ſon frère, obtint le gouvernement de l'Aſie Mineure pour appanage.

Callinique était très-jeune quand il

monta fur le trône ; auffi fon règne naif-
fant ne fut-il qu'une minorité. Laodice
gouverna fous fon nom, & déploya à
fon gré fon génie fécond en crimes & en
artifices. Bérénice fut une de fes premières
victimes. Nous avons vu dans l'hiftoire
des Ptolemées, avec quelle audace elle
envoya égorger dans Daphné, un fils
encore au berceau, que cette Princeffe
avait eu du dernier Roi de Syrie ; comment l'indignation générale lui ayant fait
trouver du danger à fe couvrir trop publiquement du fang de fa rivale , elle
employa le plus odieux ftratagême pour
la tirer de fon afyle, & la faire affaffiner
par des Gaulois, qui s'étaient chargés de
la défendre. Il ne faut pas flétrir deux fois
l'ame de nos lecteurs, en répétant fans profit
pour eux, le même tableau de tyrannie.

Le Roi d'Egypte, Evergète, accourut
pour fauver fa fœur, mais elle n'était
plus, il ne put que la venger. Laodice
fut prife par un vainqueur irrité , &
mife à mort.

La conquête de la Syrie fuivit de près le fupplice de fa Souveraine. Evergète fe fit ouvrir les portes de toutes les villes qui fe rencontrèrent fur fa route, tira des contributions des provinces, écarta par la terreur de fon nom les armées qui auraient pu lui difputer le paffage, pénétra en vainqueur, jufqu'aux frontières de l'Inde, & revint dans fes états chargé des dépouilles de l'Afie, & fur-tout avec quarante mille talens (vingt-deux millions de notre monnaie), qui lui fervirent, encore plus que fes exploits, à acheter le titre de nouvel Alexandre.

Comme l'expédition entière d'Evergète en Afie ne dura qu'un peu plus de deux mois, les Syriens n'eurent pas le temps de fe façonner au joug des Ptolemées. L'armée Egyptienne fut un torrent qui ne fit que paffer; & à peine le vainqueur était-il de retour à Alexandrie, que les peuples abandonnés à eux-mêmes, fe reportèrent vers les Séleucides.

Le jeune Callinique voyant l'ennemi

qu'il redoutait, loin des terres de fa domination, fongea à châtier les villes maritimes de l'Afie Mineure, qui s'étaient liguées contre lui avec Evergète. Une flotte formidable partit à cet effet du port de l'Oronte ; mais une tempête horrible qui s'éleva en haute mer, fracaffa les vaiffeaux, & les foldats qu'ils portaient périrent tous, à l'exception de ceux qui, attachés aux débris, furent portés par les flots fur le rivage.

Ce qui devait perdre Callinique fit fon falut. Les villes maritimes de l'Afie Mineure, émues du tableau pathétique d'un pareil défaftre, crurent le fils de Laodice affez puni des crimes de fa mère ; elles recueillirent avec intérêt les malheureux qui avaient fait naufrage, & rentrèrent d'elles-mêmes fous l'obéiffance des Séleucides.

C'eft fans doute à cette époque que le Séleucide fit fon fameux traité d'alliance avec les villes de Smyrne & de Magnèfie. La colonne de marbre fur laquelle l'acte fut gravé, pour en conserver la mémoire, subsiste encore ; elle a été transportée à Oxford, par les soins du Comte d'Arondel, avec la belle chronique de Paros, sans laquelle la Grèce, peut-être, n'aurait point de chronologie.

Le reste du règne de Callinique n'offre que des guerres humiliantes avec ses voisins. Il se présenta avec une armée devant Evergète, & il fut défait & contraint de se renfermer dans les murs de sa capitale. Antiochus, son frère, arma contre lui l'Asie Mineure, & le battit auprès d'Ancyre. Cette dernière déroute fut si complette, que la Reine de Syrie, obligée de se déguiser pour se dérober à la mort, se trouva dans le partage des dépouilles, vendue en qualité d'esclave. Ce ne fut qu'à Rhodes qu'elle se fit connaître au Grec qui l'avait achetée ; alors elle fut renvoyée avec la plus grande pompe à Antioche.

Le dernier affront que Callinique

effuya dans les champs d'honneur, fut dans fon expédition contre les Parthes, qui venaient de lui enlever l'Hyrcanie. Arface, le fondateur de cette nouvelle Monarchie, le vainquit & le fit prifonnier fur le champ de bataille.

Ce faible Séleucide, qui ne tira jamais l'épée que pour la remettre avec honte dans fon fourreau, qui ne prit aucune des villes dont il fit le fiège, qui ne gagna aucune des batailles qu'il livra, & qui finit par mourir captif chez des barbares, qui avaient démembré fon empire; ce Séleucide, dis-je, reçut cependant de fes peuples le nom de *Callinique*, ou de *victorieux*; & c'eft d'après ce fur-nom, qui eft le dernier terme de l'adulation, s'il n'eft pas le comble de l'ironie, qu'il fit bâtir une ville de Callinople, dans la Méfopotamie.

Perfonne ne fongea en Syrie à mettre un prix à la liberté de ce Callinique. Le corps politique, tout malade qu'il était, fentait qu'une tête auffi dégradée, l'affaiblirait encore. Enfin, après avoir vécu plusieurs années à la Cour d'Arsace, oublié de ses peuples, & même de ses vainqueurs, il mourut d'une chûte de cheval, après s'être dit Roi pendant vingt ans. Ce Prince avait épousé Laodice, sœur d'Andromaque, un de ses Généraux; il en eut deux fils, Séleucus Céraunos, & Antiochus le grand, qui occupèrent le trône après lui, avec une fille qu'il maria à un Roi de Pont, & à qui il donna la Phrygie pour appanage.

SÉLEUCUS III, ou CÉRAUNOS.—Le sur-nom de Céraunos (*foudre*, en grec) ne convenait pas plus à ce Prince, que celui de Callinique à son père : car il n'était connu en Syrie que par la faiblesse de sa santé, le peu d'énergie de son ame, & le vuide de son intelligence. Son règne ne fut que de trois ans, & il le passa dans la discorde. Attale, Roi de Pergame, lui enleva toute l'Asie Mineure, depuis l'Hellespont jusqu'au mont Taurus ; &

comme il marchait à la tête d'une armée vers la Phrygie, pour la remettre sous l'empire des Séleucides, Nicanor & Apaturius, deux de ses Généraux, conspirèrent contre lui, & l'empoisonnèrent. Le plan de ces scélérats, était de faire passer la couronne de Syrie sur leur tête. Mais Achéus, l'oncle de Céraunos, les empécha de consommer leur crime; on leur fit leur procès, & ils furent traînés au supplice.

L'armée voulut récompenser le zèle d'Achéus, en lui donnant la couronne; mais il eut la générosité de refuser un bien qui appartenait à Antiochus. On est tout étonné de rencontrer dans cet âge dégénéré, un trait de grandeur d'ame, qui semble devoir appartenir au siècle des Aristide & des Thémistocle.

Les quatre Rois-statues dont nous venons d'ébaucher les traits, peu dignes de passer à la postérité, avaient régné entre eux tous, l'espace de cinquante-sept ans. Ainsi la mort de Céraunos, qui tombe avec l'avènement d'Antiochus le grand, doit être fixée l'an 1359, de l'ère de Paros, ou la deuxième de la cent trente-huitième olympiade.

AVÈNEMENT

D'ANTIOCHUS LE GRAND.

IL SOUMET TOUS LES REBELLES, ET FAIT LA CONQUÊTE DE SA PROPRE MONARCHIE (a).

IL était temps qu'il parût un homme sur le trône de Syrie, car l'empire des Séleucides, miné sourdement par des

---

(a) Voici nos garans pour l'histoire entière du grand Antiochus.

Polyb. lib. 3-5-7-8-10-11 & 17, Legat. 20-21-24-25-26-35-36-37 & 72, & Excerpt. Valef.

Tit. Liv. lib. 31-33-34-35-36-37-38 & 40.

Diod. Sicul. Legat. 6-7-9 & 10.

Justin. lib. 30-31-32 & 41.

Athen. Deipnosoph. lib. 10-12 & 15.

Strab. lib. 11 & 16, *Joseph.* Antiq. lib. 12, *Appian.* in Syriac. *Macrob.* Saturnal. lib. 1, *Frontin.* Stratag. lib. 1 & 2, *Plutarch.* in Caton. & Philopém. & *Cornel. Nep.* in Annib.

rebelles, démembré ouvertement par les Parthes, & menacé de loin par les Romains, allait, à force d'être mutilé, se perdre sans gloire & sans bruit, comme notre fleuve du Rhin au milieu des sables où il se divise.

Antiochus III, à qui ces exploits guerriers valurent le nom de grand, avait à peine dix-neuf ans, quand on le fit venir de Babylone pour régner. Achéus établit un Conseil de Régence, & nomma aux grands départemens. Molon obtint le gouvernement de la Médie ; Alexandre, frère de ce Satrape, celui de la Perse ; & pendant que lui-même, Vice-Roi de l'Asie Mineure, se chargait d'enlever à Attale, Roi de Pergame, toutes ses conquêtes, on confia à Epigène le commandement de l'armée de Syrie, & on éleva le Carien Hermias au ministère.

Presque tous ces choix, par l'évènement, se trouvèrent malheureux ; mais contre l'attente des artisans des discordes intestines, ne servirent qu'à mettre

dans le plus grand jour, la fagesse prématurée, & le génie d'Antiochus.

D'abord Alexandre & Molon étaient
des factieux dévorés de la foif de régner,
qui, voyant un Roi fans expérience, un
miniftère mal affermi, & des peuples
opprimés, qui appellaient par leurs vœux,
un libérateur, tentèrent de fe faire Souverains chacun dans leur gouvernement.
Au premier bruit de la révolte, on leur
manda de fe rendre à la cour; mais c'était
une armée, & non un vain courier du
cabinet, dont la préfence était nécef-
faire pour réduire les rebelles. Ceux-ci
défobéirent, s'affurèrent, par des garnifons qui leur étaient dévouées, des places
de leur département, & engagèrent d'autres Gouverneurs de province, à arborer
comme eux l'étendard de l'indépendance.

Au milieu de tous ces mouvemens,
les Syriens inquiets, tournèrent leurs
regards vers Hermias, qui, en qualité
de premier Miniftre, tenait dans fes
mains leurs deftinées. Cét Hermias, non

moins coupable que les factieux qu'il s'agissait de réduire, tramait de son côté en silence, le projet de détrôner la dynastie des Séleucides. Il donna le conseil perfide de dédaigner la révolte de la Médie & de la Perse, & de profiter de l'inertie de Philopator, pour lui enlever la Célésyrie. Il se flattait que le Roi succomberait dans l'expédition contre l'Egypte, & qu'en s'associant alors avec Alexandre & Molon, ils partageraient entr'eux l'Empire démembré, comme des brigands se partagent les dépouilles du voyageur crédule qu'ils assassinent. Epigène, le seul honnête homme qu'il y eût à la cour, sauva l'état, en modifiant dans le conseil, l'avis dangereux d'Hermias. D'après son opinion, deux armées partirent à la fois, l'une pour réduire les rebelles, & l'autre pour s'emparer de la Célésyrie.

Molon & Alexandre, qui avaient eu le temps de donner une base solide à leur systême d'indépendance, marchèrent

avec la confiance que leur infpirait leur
génie, contre de faibles Généraux, qui
femblaient moins les repréfentans de leur
Roi, que les créatures perfides d'Hermias. Ils pénétrèrent en vainqueurs jufque
fur les bords du Tygre, & fe rendirent
maîtres de l'importante place de Ctéfiphon.

Antiochus qui fentait fon ame guerrière s'indigner des entraves où on la rete-
nait, apprenant les progrès des rebelles,
annonça qu'il irait lui-même remplacer fes faibles Généraux, & prouver,
en combattant à la tête de fes peuples,
qu'il était digne de les gouverner. L'adroit
Hermias, dont ce noble projet contra-
riait le machiavélifme, trouva encore le
moyen de donner un autre direction à
l'enthoufiafme guerrier de fon Souverain.
Il lui perfuada de fe rendre plutôt dans
l'armée de Céléfyrie, que menaçait Philopator, en lui difant: qu'un Roi ne devait fe
mefurer qu'avec les Rois, & fe contenter
d'envoyer des Généraux pour châtier des
rebelles.

Antiochus, égaré par ce sophisme qui en imposait à sa grandeur d'ame, se laissa persuader d'envoyer un nouveau Général à l'armée de la haute-Asie. Ce Général était encore une nouvelle créature du Ministre; & il remplit parfaitement, du moins par son inexpérience, les vues de son perfide protecteur. Les rebelles surprirent la nuit ses soldats plongés dans l'yvresse, & en firent un affreux carnage; ensuite ils passèrent le Tygre, emportèrent Séleucie d'assaut, firent passer Babylone sous leur pouvoir, forcèrent Suze à leur ouvrir ses portes, & s'emparèrent de toute la Mésopotamie.

Ces désastres dessillèrent un peu les yeux d'Antiochus, & il vint dans la haute Asie soutenir lui-même, l'épée à la main, les droits de sa couronne. Hermias frémit de voir sa proie lui échapper; mais il se vengea contre Epigène, qu'il soupçonna d'avoir donné ce conseil généreux à son Maître. Le Gouverneur d'Apamée, de concert avec le Ministre, fabriqua une lettre qui annonçait l'intelligence de ce Général avec les rebelles ; & avant que le myſtère de cette intrigue ténébreuſe pût tranſpirer, il l'envoya au ſupplice.

Pendant cette ſcène digne des états abſolus, Antiochus vint livrer une bataille ſanglante aux rebelles, dans les champs d'Apollonie : la victoire fut quelque temps incertaine ; mais l'aîle droite toute entière des ennemis, ayant paſſé ſous les drapeaux du Monarque, le reſte de l'armée fut bientôt enfoncée & miſe en déroute. Molon, ſans reſſources, ſe perça de ſon épée ſur le champ de bataille. Un de ſes frères ſe ſauva en Perſe, & y alla égorger la mère & les enfans de ce chef de rebelles, qui n'avaient plus que l'odieuſe perſpective d'un échafaud. Alexandre, préſent à ce terrible ſpectacle, ne voulut pas de ſon côté, ſurvivre à toute ſa famille, & dénoua la tragédie par ſon ſuicide.

Cette victoire eut les ſuites les plus heureuſes pour le Roi de Syrie ; preſque toute l'Aſie ſe remit ſous ſon joug. Il couronna fes exploits, en dictant fes loix à l'Atropatène, contrée fituée entre les Arméniens & les Medes, & qui n'avait point été engloutie dans les vaftes conquêtes d'Alexandre. Le vieil Artabazane, qui s'en était fait le premier Roi, fit plier fa fierté, jufqu'à rendre hommage au Séleucide, & à ce prix il conferva fa couronne.

Cependant Hermias devenait plus dangereux que jamais; il tramait dans l'ombre le renverfement de la Syrie; & l'empire entier était inftruit de fes coupables manœuvres, excepté le Héros qu'elle menaçait. Le fcélérat, qui avait un grand caractère, avait trouvé l'art d'empêcher l'indignation publique de parvenir jufqu'au trône; & le Prince, toujours obfédé par les Agens de fon ennemi invifible, femblait fe jouer avec le glaive de la trahifon fufpendu fur fa tête. Ce fut le Médecin Apollophane qui fe dévoua pour fa nation, en ouvrant les yeux au Monarque. Malheureufement Hermias était alors prefqu'auffi puissant que son Souverain ; & on ne pouvait le punir sans s'exposer à une guerre civile. Antiochus se conduisit avec son Ministre comme notre Henri III avec le Duc de Guise. Il s'éloigna de son armée, sous prétexte de respirer un air plus pur, & ayant attiré sa victime dans un lieu écarté, il l'y fit poignarder par ses gardes. Sa mort entraîna le désastre de sa famille : comme il s'était rendu odieux aux habitans d'Apamée par ses concussions & ses brigandages, à la première nouvelle de son assassinat, ils investirent la maison où étaient sa femme & ses enfans, & les y assommèrent.

Antiochus, depuis l'instant où il était Roi, n'avait marché qu'au milieu des trahisons. Il lui en restait une autre à subir, bien plus faite pour donner atteinte à sa sensibilité; c'était la révolte d'Achéus, son oncle, le même qui, à son avènement, avait eu la générosité de refuser la couronne. Le temps, l'habitude du commandement, plus que tout cela, des confeils adulateurs pervertirent peu-à-peu les mœurs trop faciles de ce Prince. Perſuadé que ſon neveu périrait dans la guerre de Molon ou dans celle d'Artabazane, il prit ſolemnellement le diadême à Laodicée, envoya, en qualité de Roi, des Ambaſſadeurs auprès des Puiſſances voiſines, & s'appuya en particulier de l'alliance des Ptolemées, qui, depuis vingt-ſept ans qu'ils occupaient la Céléſyrie, n'avaient pu s'y maintenir qu'en jettant des ſemences de diſcordes dans la maiſon des Séleucides.

Le jeune Roi, obligé à défendre une couronne que la vertu même l'empêchait de céder, puiſque ſon rival, tout chet qu'il était à ſon cœur, ne la lui diſputait qu'en faiſant couler le ſang des peuples, vint inveſtir Séleucie, & l'emporta, grace aux intelligences qu'il s'était ménagées dans la place. Achéus ſe retira dans l'Aſie Mineure, & le vainqueur l'y ſuivit. La campagne ſe termina par le ſiége de Sardes, cette Métropole de l'Orient déjà saccagée & brûlée tant de fois depuis sa prife par Cyrus.

Sardes, où Achéus était aimé, fe dé-fendit avec une vigueur dont on n'aurait pas foupçonné fes habitans énervés par plufieurs fiècles de molleffe & d'efclavage. Le Roi de Syrie, qui voyait fon armée fe confumer vainement fous fes remparts, après un an de vaines opérations, était fur le point de convertir le fiége en blocus, lorfqu'un ftratagême le rendit maître, fans danger, de ce boulevard de l'Afie Mineure.

Antiochus avait dans fes troupes un Crétois nommé Lagoras, qu'une longue expérience dans le fervice & une étude raifonnée de l'hiftoire avaient inftruit par-faitement de la tactique des fiéges ; cet Officier, qui favait que les places les plus fortes avaient toujours été prifes par la fécurité des habitans, qui négligeaient de garder les poftes qu'ils jugeaient inac-ceffibles, à force de vifiter les dehors de Sardes, trouva un côté des remparts, par où il ferait aifé à des foldats d'élite de pénétrer dans la citadelle. Le mur, dans cet endroit, avait pour bafe un rocher, au pied duquel fe trouvait un abîme où la garnifon avait coutume de jetter fes cadavres & fes immondices. Lagoras, qui vit les vautours, après s'être raffafiés de cette proie, fe percher même en plein jour fur les créneaux du mur, en conclut qu'aucun foldat n'était en faction à ce pofte : alors, après avoir mefuré de l'œil la hauteur du rempart, il promit au Roi de Syrie, s'il voulait le feconder dans fon ftratagême, de le rendre maître de la fortereffe.

Une nuit que la lune devait fe coucher avant le lever du foleil, Lagoras, à la tête de quinze Grecs déterminés, fe rendit avec des échelles au pied du rempart bordé par l'abîme ; trente autres eurent ordre de filer, fans bruit, vers la porte la plus voifine, afin de l'enfoncer au premier fignal, & un corps de deux mille hommes fe plaça à quelque diftance, pour entrer fubitement dans la ville en cas de réuffite,

& gagner de-là le théatre qui commandait la citadelle.

Le plan d'attaque ainfi formé, Lagoras, à couvert fous le rocher qui était en faillie, attendit que le jour parût. C'était le moment auquel on renouvellait les fentinelles. Alors il monte fur le rocher à l'aide de fes échelles, fe gliffe vers la porte la plus prochaine, & fe met en devoir de l'enfoncer. Au premier coup qu'il donne en dedans, les trente guerriers d'élite cherchent à la brifer en dehors. Pendant ce temps-là, l'armée Syrienne pouffait à l'envi des cris effroyables, pour détourner les regards de la garnifon du véritable péril qui la menaçait, & feignit de donner un affaut général. Achéus fe porta avec toutes fes forces vers le côté des remparts le plus menacé de l'efcalade; & au milieu de tous ces mouvemens, les deux mille hommes apoftés par Lagoras, entrèrent dans Sardes, paffèrent au fil de l'épée tout ce qu'ils trouvèrent en défenfe, & mirent le feu aux plus beaux

édifices.

édifices. Alors les habitans croyant l'armée entière dans leur ville, tombèrent aux genoux des vainqueurs, & fe foumirent au pouvoir d'Antiochus.

Achéus, dans l'intervalle, s'était retiré dans la citadelle, & là, il s'était promis de s'enfevelir fous les ruines de la place, plutôt que de fe rendre. La perfidie le tira de cet afyle, d'où il pouvait braver la force. Un Agent de Philopator, qui s'était chargé de le faire paffer en Egypte, vendit fon fecret à Antiochus, & après avoir tiré le Prince de la citadelle, le livra enchaîné à fon vainqueur. Celui-ci pleura fur le fort de fa victime, mais ne fut point généreux. L'infortuné eut d'abord les pieds & les mains coupés, enfuite on mit fa tête fanglante fur la dépouille d'un âne, & le refte du corps attaché à une croix, devint la pâture des vautours. Seulement Antiochus eut la politique de faire dicter la fentence par un confeil de guerre, afin de fe fauver à lui-même l'odieux d'un fi étrange fupplice.

La réduction de Sardes entraîna celle de presque toute l'Asie Mineure. Le Roi de Syrie la fit rentrer dans l'Empire des Séleucides, à l'exception de la Galatie & des Royaumes de Pont, de Pergame & de Bithynie.

Antiochus avait besoin de tous ces triomphes, pour adoucir un peu le chagrin d'avoir été vaincu par le Roi d'Egypte. Cet évènement qu'avait prévu le perfide Hermias, arriva dans l'intervalle de la révolte d'Achéus, & de son supplice. Nous en avons donné tous les détails dans l'Histoire des Ptolemées. Théodote, Gouverneur de la Célésyrie pour Philopator, mécontent de ce tyran, qui payait les services avec des édits de proscription, avait livré Tyr & Ptolemaïs au Roi de Syrie, qui, grace à ses intelligences avec ce rebelle, avait peu-à-peu subjugué toute la province.

Les murmures de l'Egypte entière tirèrent Philopator de sa longue léthargie. Ce Prince partit d'Alexandrie à la tête

de foixante & dix mille hommes de pied,
de foixante & feize éléphants armés en
guerre, & de cinq mille chevaux, & fe
rendit dans les plaines de Raphia, la première place qu'on rencontre en Syrie,
après avoir paffé Rhinocorure. Antiochus,
avec des forces à peu près égales, vint
défendre fa Monarchie.

Pendant que les deux armées étaient,
pour ainfi dire, en préfence, campées à
cinq ftades l'une de l'autre, Théodote,
dont l'ame fière n'oubliait ni les fervices
ni les injures, voulut fe venger de fon
ancien Monarque, par un trait d'audace
digne d'un Héros de l'Iliade. A la faveur
d'une nuit profonde, il ofa, accompagné
feulement de deux foldats, traverfer les
rangs ennemis, & s'introduire dans la
tente de Philopator, pour l'enlever ou
pour le faire mourir : ce Prince alors
célébrait une de fes orgies ordinaires chez
un de fes eunuques, & il dut cette fois
fon falut à la licence de fa vie. Théodote, furieux d'avoir bravé fans fruit

mille morts, tua le Médecin de la Cour dans la tente royale, blessa deux gardes, & se sauvant au milieu du tumulte, eut le bonheur de rentrer sans avoir été reconnu, au camp d'Antiochus.

La bataille suivit de près la retraite de Théodote. L'action commença par les éléphants ; on ignorait encore alors que ceux d'Afrique, moins heureusement organisés, ne peuvent soutenir ni l'odeur ni le cri de ceux des Indes ; aussi dès que ces quadrupèdes terribles commencèrent à se choquer, ceux de l'armée Egyptienne s'agitèrent avec violence, reculèrent sur l'aîle gauche, & causèrent tant de désordre, qu'Antiochus n'eut besoin que de paraître, pour l'enfoncer & la mettre en déroute.

La présomption qui a perdu tant de Capitaines célèbres, perdit Antiochus. Ce Prince, persuadé que rien ne pouvait lui résister, se mit à poursuivre, avec la plus grande activité, l'aîle fugitive de l'armée de Philopator. Pendant ce temps-là, l'aîle droite & la phalange, conduites par Sosibe, se firent jour au travers du corps de bataille des Syriens, & le rompirent. Antiochus, de retour auprès des siens, ne vit plus dans les champs où il avait triomphé, que les traces du plus affreux carnage, & la terreur s'emparant de son esprit, il alla cacher dans les remparts de Raphia, l'opprobre où l'avait entraîné sa présomption.

Cette bataille de Raphia se donna le même jour que celle de Trasimène, où le non moins présomptueux Flaminius fut défait par Annibal.

Antiochus, qui avait perdu dix mille hommes dans cette journée, outre quatre mille qui avaient été faits prisonniers sur le champ de bataille, hors d'état de tenter la campagne, ramena les débris de ses troupes découragées à Antioche, & demanda la paix au vainqueur. Philopator, qui n'avait tiré l'épée que malgré lui, se hâta, avant même les préliminaires du traité, de la remettre dans le four-

reau : ainſi ſa victoire fut entièrement perdue, pour l'intérêt de ſa Monarchie.

GUERRE
AVEC LES PARTHES.

CAMPAGNE DE LA BACTRIANE.
EXPÉDITION DE L'INDE.

LE feul ennemi qui fût digne alors de fe mefurer avec Antiochus, (car Rome le connaiffait à peine, & Annibal fe trouvait fon allié) était Arface II, l'héritier du trône & de la gloire du fondateur des Parthes. Ce Prince, perfuadé qu'Antiochus, entre Philopator vainqueur, & des rebelles, ne pourrait jamais conferver fa couronne, fuivant la politique de tous les Souverains qui ne font pas philofophes, avait profité des défaftres de la Syrie pour s'approprier une partie de fes dépouilles : il était entré à la tête d'une armée, dans la Médie, & l'avait fubjuguée, après avoir pris d'affaut Ecbatane.

Polybe, de qui nous tenons l'hiftoire

de cette guerre d'Antiochus avec Arface,
ne parle qu'avec enthoufiafme de la magnificence de cette Ecbatane. Cette Métropole de la Médie, deftinée, par fa pofition, à commander aux pays baignés par
les Palus Méotides, & par le Pont Euxin,
n'avait, fous les fuccefleurs d'Alexandre,
aucunes murailles; mais elle était défendue
par une citadelle d'une force furprenante,
dans l'enceinte de laquelle était un palais
de fept ftades de circonférence, deftiné à
loger un Monarque. Tout le luxe oriental
était déployé dans ce dernier édifice : on
n'avait fait entrer, dans fa conftruction,
d'autre bois que le cèdre & le cyprès, &
on avait revêtu de lames d'or ou d'argent
les poutres, les lambris, & jufqu'aux colonnes des périftyles. Alexandre, dans fon
expédition de Perfe, enleva une partie des
richefles de ce palais. Antigone pilla le
refte; mais l'édifice fubfiftait encore avec
une foule d'ornemens que la cupidité Macédonienne n'avait pu enlever. On peut
juger, en général, de la richefle d'Ecba-

tane, par le feul Temple d'Ena, qui, dans la guerre dont nous parlons, fournit, avec les briques d'or ou d'argent dont fa voûte était revêtue, quatre mille talens, (près de vingt-deux millions) dont on frappa de la monnaie au coin d'Antiochus.

Arface, au premier bruit du départ de l'armée Syrienne pour reprendre la Médie, s'allarma peu des fuites d'une pareille expédition. Il fallait traverfer, pour pénétrer dans le pays, un défert aride de plufieurs journées de marche, où on ne trouvait qu'un petit nombre de puits formés par des eaux amenées, à grands frais, du mont Taurus. Le Prince, pour rendre le paffage impoffible, envoya ordre de combler ces puits. Heureufement Antiochus, averti à temps par des transfuges, envoya un dé- tachement de mille chevaux pour les gar- der ; enfuite il traverfa le défert, & vint fous les murs d'Hécatompyle, une des Métropoles de la Parthiène. Il était de l'intérêt d'Arface de temporifer, pour que l'armée Syrienne fe confumât d'elle-même au milieu d'un pays barbare qu'elle ne connaiſſait pas. Antiochus, dont la politique était à l'épreuve, auſſi bien que la valeur, ſe douta du ſtratagême, ne s'amuſa point à aſſiéger des villes, & prit le parti de s'emparer de l'Hycarnie.

La difficulté était de traverſer la chaîne de montagnes qui ſéparait le pays qu'il voulait quitter, du pays dont il allait tenter la conquête. La montagne, par elle-même, ſemblait inacceſſible, & les défilés de ſes gorges, d'autant plus dangereux, que tous les poſtes qui les dominaient étaient hériſſés de barbares. L'amour de la gloire ferme les yeux ſur le danger; & quand un Héros y eſt engagé, tantôt le génie, tantôt la fortune le lui font franchir. Antiochus vainquit tous les obſtacles; & les détails que Polybe nous en a conſervés, ſont curieux pour cette claſſe de Lecteurs, qui, comme les Montecuculli, les Vauban & les Folard, ne liſent l'Hiſtoire que pour connaître la tactique de l'antiquité.

La partie de la montagne la plus acceſfible, avait trois cents ftades de pente. Il fallait faire une grande partie de cette route par une gorge creufée par la chûte des torrens, & que les Parthes avaient prefqu'entièrement obftruée, en y jettant des arbres avec leurs branches, & des quartiers de rochers. Les premiers Syriens qu'on envoya à la découverte, apperçurent en même temps, fur leurs têtes, des cohortes de barbares, poftés fur les hauteurs, qui commandaient la ravine. Sur leur rapport, l'ordre de la marche fut changé. Pendant que la phalange traverfait péfamment le défilé, Diogène, à la tête des troupes légères, fe mit à efcalader les rochers; dès qu'il apperçut le premier corps-de-garde, il tomba fur lui avec impétuofité, & alors tout changea de face. Les barbares, qui fuyaient, portèrent l'allarme dans les autres poftes, qui ne tinrent pas long-temps contre les Frondeurs, qui les harcelaient d'en bas, tandis que les foldats les plus alertes, arrivés fur la cime des rochers, faifaient rouler des pierres fur leurs têtes.

Pendant ce temps-là la phalange avançait
dans la ravine; & enfin, après huit jours
d'une marche pénible, où, malgré la valeur
des Syriens, ils eurent beaucoup de sang répandu, l'armée d'Antiochus arriva au som-
met de la montagne. Là, il se donna un
grand combat, où la phalange Syrienne
ayant pu se déployer, mit en désordre le
corps de bataille des Parthes. Les vainqueurs
dédaignèrent de poursuivre les fuyards;
& descendant en bon ordre dans la plaine,
ils mirent le siège devant Syringe, une des
Métropoles de l'Hyrcanie : la ville, malgré
ses trois fossés, de trente coudées de large,
& de quinze de profondeur, malgré la
triple enceinte de ses murailles, & l'intré-
pidité de sa garnison, fut obligée de capituler, & de subir le joug d'Antiochus.

Dans l'intervalle, Arsace avait rassemblé une armée de cent mille hommes de
pied, & de vingt mille chevaux, avec laquelle il arrêta les progrès des Syriens, avec
autant de valeur que d'intelligence. Nous
ignorons les détails de la suite de cette

guerre, à caufe d'un vuide qui fe trouve ici dans l'Hiſtoire de Polybe; mais il paraît que l'iſſue en fut plus favorable aux Parthes, que la rapidité des conquêtes de leurs enne- mis n'avaient pu d'abord le leur faire eſ- pérer. L'Hyrcanie & la Parthiène reſ- tèrent, par le traité de paix, à Arſace, à condition qu'il aiderait Antiochus à re- couvrer les provinces de l'Orient, qui perſiſtaient encore dans leur indépendance.

Le Roi de Syrie, par cette dernière clauſe, avait fur-tout en vue une expédi- tion dans la Bactriane, qui, depuis trente ans, avait ſecoué le joug, & était devenue une Souveraineté héréditaire. La gloire que ce Prince y acquit, ne fut point pro- blêmatique. Il livra une bataille ſanglante, dont le ſuccès ne fut dû qu'à ſon génie. Lui-même, à la tête des ſiens, oubliant, quelques momens, qu'il était Roi, pour jouer le perſonnage de paladin, ſe fit tuer un cheval ſous lui, & reçut à la bouche une large bleſſure : à la fin ſon triomphe fut complet, & comme ſoldat, & comme

Capitaine : auſſi ſes troupes lui donnèrent le nom de Grand, ſur le champ de bataille.

La politique vint cependant, bientôt après, arracher l'épée des mains d'Antiochus. Il y avait, au nord de l'Aſie, un eſſaim de Scythes Nomades, qui obſervaient, en ſilence, les mouvemens de la Bactriane, laiſſant les deux peuples ennemis s'affaiblir mutuellement, & prêts, au moment favorable, à tomber à la fois ſur les vaincus & ſur les vainqueurs. Le Roi de Syrie, qui preſſentit qu'un jour ces barbares profiteraient de l'épuiſement où le mettraient des triomphes pénibles & ſanglans, pour lui ravir d'abord ſes conquêtes, & enſuite ſes Etats héréditaires, préféra de faire une paix ſolide avec la Bactriane, qui deviendrait alors une barrière naturelle contre l'invaſion des Scythes. Ce plan ſi ſage, aurait pu être adopté dès le commencement de la campagne; alors le ſang des peuples aurait été épargné; il eſt vrai qu'Antiochus, dans ce cas, n'aurait point obtenu le nom de Grand, qu'il avait

la faibleſſe de préférer à celui de Philoſophe.

Euthydème, par le traité avec la Syrie,
ſe vit confirmer le titre de Roi de la Bactriane. Son vainqueur, pour ſe l'attacher
encore plus, fit déclarer Démétrius, fils
de ce Prince, l'héritier préſomptif de ſa
couronne, & lui promit une de ſes filles
en mariage.

Antiochus termina ſes triomphes guerriers par ſon expédition dans les Indes;
car, depuis Hercule, c'était la manie de
tous les Héros de mériter par-là leur apothéoſe. Ce Prince franchit la chaîne du
Caucaſe, traverſa le fleuve de l'Indus, entra
en vainqueur dans les États de Sophagaſen,
un des héritiers de Sandrocott, & le contraignit à payer le tribut qu'il devait aux
ſucceſſeurs d'Alexandre. Satisfait d'avoir
ainſi déployé ſa puiſſance devant des peuples plus ſoumis de nom que d'effet aux
Monarques Syriens, il revint dans ſes États
par l'Arachoſie, la Drangiane, la Cara-
manie & la Perſe. Son expédition, ſoit

de la Parthiène, foit de la Bactriane, foit
de l'Inde, avait duré en tout fept ans. Il
ne tenait qu'à lui, de retour à Antioche,
de jouir en paix de fa renommée; mais
fon génie actif s'indigna bientôt de l'efpèce d'inertie d'un règne fans évènemens;
il chercha d'illuftres ennemis, & il n'en
trouva que trop pour le repos de fa vie.
Nous le verrons bientôt aux prifes avec
Rome, qui, jaloufe de lui voir affecter
en Afie le defpotifme qu'elle exerçait elle-
même en Europe, le pourfuivit avec la
double activité de la haine & de la riva-
lité, & lui fit payer cher le nom de
Grand, que lui avaient valu fon génie
& fes victoires.

GUERRE
AVEC L'EGYPTE.
MORT DU FILS D'ANTIOCHUS.

ROME qui voulait avoir le renom de juste, lors même qu'elle sappait la justice par sa base, eut d'abord la sage politique de ne point s'aliéner l'Orient, en portant ses armes en Asie ; elle se contenta de paraître dans la guerre dont nous allons nous occuper, comme puissance auxiliaire; & le rôle qu'elle prit alors, ne pouvait être plus imposant, car il s'agissait de conserver la couronne d'Egypte sur la tête d'un enfant de cinq ans, que l'ambition de ses voisins, s'appuyant sur l'abominable droit de bienséance, voulait dépouiller de son héritage.

Il y avait eu en effet, dès le retour d'Antiochus dans ses Etats, une ligue conclue entre la Syrie & la Macédoine, pour profiter de la minorité d'Epiphané, afin de démembrer la Monarchie des Ptolemées. Le Séleucide avait promis d'abandonner l'Egypte au Prince confédéré, à condition qu'on le laifferait maître de la Phénicie & de la Céléfyrie ; & malgré les manifeftes de la puiffance opprimée, malgré la réclamation tacite de l'Orient, les deux Rois ufurpateurs avaient commencé les hoftilités.

Ariftodème, Régent de l'Egypte fous Epiphane, ne tarda pas à s'appercevoir que dans un miniftère mal affermi, & n'ayant qu'un phantôme de Roi à montrer aux foldats, il tiendrait difficilement contre deux armées : alors, ne confultant que la prudence du moment, il envoya une Ambaffade à Rome, pour mettre fon pupille fous la protection de la République. Cette démarche fi fage, en apparence, amena le défaftre de la maifon des Ptolemées & de leur Monarchie.

Il y avait déjà quelque temps que les Romains cherchaient à fe rendre les arbitres de la deſtinée de l'Egypte. Ils avaient conclu divers traités d'alliance avec les Ptolemées ; & lorſque Philopator vainquit Antiochus à Raphia, ils avaient envoyé deux Sénateurs à Alexandrie, pour féliciter ſon Monarque, & lui offrir en préſent une tunique de pourpre, avec un trône d'ivoire. On ſe doute aiſément combien dans l'anarchie actuelle de l'Egypte, leur ambition ſourit à la démarche d'Ariſtodème. Trois Ambaſſadeurs partirent à la fois de l'Italie, pour ſe faire médiateurs entre les puiſſances.

Antiochus, encore énorgueilli des palmes qu'il avait recueillies en Orient, ſourit avec dédain ſur les menaces de Rome. Ce prince, aux yeux mêmes de l'Ambaſſadeur de la République, entra à main armée dans la Paleſtine, & mit garniſon dans ſes Métropoles.

Le Conſeil d'Epiphane, comme nous l'avons déjà dit dans l'hiſtoire des Ptolemées, avait bien prévu que la médiation Romaine n'arrêterait aucune des puiſfances ufurpatrices. Il s'adreffa à Scopas, grand homme de guerre, le chargea de lever des troupes dans l'Etolie, dont il était originaire, & le nomma Général de l'armée qu'il deftinait à arrêter les conquêtes d'Antiochus. Scopas répondit à l'attente publique; il reprit la Judée, mit garnifon Egyptienne dans Jérufalem, & rentra dans Alexandrie couvert de gloire, & chargé des dépouilles du peuple dont il avait mis les terres au pillage.

- Antiochus apprend de l'Afie Mineure, où il était alors, les progrès de Scopas : il revient dans fes Etats avec la rapidité de l'éclair, fubjugue tout ce qui fe préfente devant lui, jufqu'au-delà du mont Liban; & rencontrant fon ennemi dans les plaines de Panéas, il lui livre bataille. L'étoile du Séleucide l'emporta dans cette journée mémorable, fur celle des Ptolemées. Scopas fut battu, ne put jamais rallier fes troupes fugitives; & fortant le dernier du champ de bataille, il alla chercher un afyle dans les remparts de Sidon.

Antiochus ne laiſſa pas ſa victoire imparfaite ; il alla faire le ſiège de cette ancienne Métropole de la Phénicie, & força le Général Egyptien à une capitulation ignominieuſe. L'infortuné, malgré ſa valeur, n'obtint que la vie, & il ſortit de la place ſans armes ni bagages.

La campagne ſe termina de la manière la plus brillante pour le vainqueur de Scopas ; il reprit la Phénicie, la Céléſyrie & la Paleſtine, qui ne ſavait jamais ni être à elles-mêmes, ni ſe choiſir des maîtres, & il les réunit à l'empire des Séleucidés.

Mais plus ces conquêtes étaient importantes, plus il était à craindre que Rome, la diſpenſatrice de toutes les couronnes du globe, ne vînt les réclamer. Antiochus, pour mettre la politique Romaine en défaut, ſe hâta d'envoyer un Ambaſſadeur à Alexandrie, pour propoſer la main de ſa fille Cléopâtre, au jeune Epiphane, offrant pour ſa dot les trois provinces qu'il avait conquiſes, & ne s'en réfervant la jouiffance que jufqu'à la cérémonie du mariage. Les offres du Conquérant parurent avantageufes au confeil du Ptolemée, & la paix fut fignée entre la Syrie & l'Egypte.

Antiochus qui, comme le Lyfandre de Lacédémone, fe jouait avec les fermens comme les enfans avec les offelets, eut à peine conclu le traité, que, fous prétexte que les poffeffions de l'Egypte, dans l'Afie Mineure, n'étaient pas comprifes dans les trois provinces, il enleva aux Ptolemées la Carie, & les villes maritimes qui leur affuraient l'empire de la Méditerranée : enfuite, enhardi dans fes ufurpations, par un faux bruit qui courut de la mort d'Epiphane, il fit voile vers l'Ifle de Chypre pour la fubjuguer : une tempête vint à propos fauver l'empire des Ptolemées ; la flotte Syrienne, battue par les vents, & brifée contre les rochers, fut obligée de regagner Séleucie pour s'y radouber, tandis qu'Antiochus allait cacher fon chagrin dans les murs de fa capitale.

Le Roi de Syrie qui commençait déjà à décheoir du nom de Grand, avait tenté, avant sa malheureuse expédition de Chypre, de se réconcilier avec les amis de la morale du genre humain, en bâtissant des villes. C'était guérir d'une main, la blessure qu'il faisait de l'autre à la population, par sa manie des conquêtes. Une des principales qu'il fonda, ou plutôt dont il releva les ruines, est Lysimachie. Cette ville assise sur l'isthme de la Chersonnèse de Thrace, était, par sa position heureuse, une des clefs des mers Grecques. Antiochus qui projettait de donner toute cette contrée en appanage à Séleucus, son second fils, employa une partie de son armée à rebâtir les maisons, & à réparer les murs de cette nouvelle Métropole de la Chersonnèse.

C'est dans Lysimachie qu'Antiochus reçut une nouvelle Ambassade des Romains, où les représentans de ce peuple Roi, voulurent lui parler en maîtres. « Qu'ai-je donc à démêler, leur répon-

» dit-il, avec votre République? Vais-je
» éventer les secrets de sa politique? Elle
» ne doit pas plus prendre part à ce que
» je fais en Asie, que je ne m'intéresse à
» ses querelles avec les peuples de l'Europe,
» dont son ambition prépare la ruine.
» Si j'ai passé l'Hellespont à la tête d'une
» armée qui s'est fait redouter en Orient,
» mon but n'a point été de porter la
» guerre dans le sein de l'Italie, mais
» uniquement de recouvrer la Thrace,
» que Séleucus, le chef de ma maison,
» conquit autrefois sur Lysimaque, &
» qu'il ne perdit que par le crime de
» Céraunos, qui, ne pouvant le vaincre,
» osa l'assassiner ».

Rome était trop clairvoyante pour être
la dupe de pareils sophismes. Ses Ambassadeurs proposèrent de s'en rapporter au
jugement de la République. Antiochus
répondit : qu'il ne faisait point son juge
de l'ennemi que l'honneur lui ordonnait
de combattre, & de part & d'autre on
commença les hostilités.

Avant de parler de cette guerre mémorable, où intervint Annibal, le Héros de Carthage, il faut parler d'un autre évènement qui tient à la vie privée d'Antiochus. L'histoire des hommes n'est point un livre d'annales, & il doit nous être permis, pour ne pas faire un tableau de pieces de rapport, d'intervertir dans le besoin, l'ordre des faits ; cet ordre si précieux pour le lecteur qui cherche moins dans l'antiquité une chaîne de grandes idées, qu'une série de dates, se trouvera assez rétabli dans notre chronologie.

Antiochus avait un fils aîné, de même nom que lui, l'espérance de la nation, & qui se distinguait, soit par son génie guerrier, soit par ses vertus populaires. Le Monarque l'envoya vers ce temps-là à Ephèse, pour veiller pendant son absence à la sûreté des provinces de l'Orient ; & à peine fut-il arrivé dans cette Métropole de l'Asie Mineure, qu'il y mourut d'une maladie qui échappa à toutes les ressources de la jeunesse, & à tout l'art de la Médecine. Les hiſtoriens de Rome ont beaucoup conjecturé ſur cette mort prématurée. Tite-Live, dont le patriotiſme ſe ſurprend quelquefois à calomnier les ennemis de ſa république, prétend que le Roi de Syrie, jaloux de la gloire de ſon fils, fut accuſé, avec quelque fondement, de l'avoir fait empoiſonner par ſes eunuques. Mais toute la vie d'Antiochus dépoſe contre le ſoupçon d'une pareille atrocité ; il vécut toujours en bonne intelligence avec l'héritier naturel de ſa couronne ; & à ſa mort il fit paraître une douleur trop profonde, pour n'être que l'expreſſion d'un ſentiment factice dicté par la politique. La mémoire de ce Prince eſt déjà aſſez ternie par les crimes où l'entraîna un amour inſenſé de la gloire, ſans la flétrir encore par des ſoupçons outrageants, qui ſuppoſent dans un deſpote le dernier période de la baſſeſſe, réuni avec le dernier période de la férocité.

GUERRE
AVEC LES ROMAINS.

CONFÉDÉRATION D'ANTIOCHUS ET D'ANNIBAL.

QUAND Rome se présenta en Orient pour disputer l'Asie à Antiochus, elle était au plus haut période de sa vigueur. Carthage qui avait si long-temps humilié son orgueil par ses victoires, n'était plus que l'ombre d'elle-même ; Scipion, dans les champs de Zama, l'avait mise à mort. D'un autre côté, Philippe de Macédoine, qui croyait avoir hérité du génie d'Alexandre, parce qu'il était assis sur son trône, vaincu à Cynoscephale, n'opposait plus qu'une barrière impuissante aux efforts des conquérans du monde. Ainsi la Syrie, déjà énervée par plusieurs règnes de monarques sans caractère, ne pouvait se mesurer à forces égales avec la première des Républiques.

Heureusement Annibal unit son génie avec celui d'Antiochus , & l'équilibre, du moins pour un moment, fut rétabli.

Il y avait déjà long-temps que le Héros de Carthage s'était fait connaître à la cour d'Antiochus. Lorsque Scipion l'eut défait à Zama, il s'était réfugié auprès de ce Prince ; alors l'Oracle de l'Asie, ne voulant pas signer, avec son vainqueur, une paix ignominieuse à sa patrie. Ce séjour fut de peu de durée. Le désir d'être utile à Carthage , si-non par son épée , du moins par son génie , l'engagea à revenir en Afrique. La haine des Romains y suivit ce grand homme. Au moment où il jouait , avec la plus grande supériorité , le rôle de législateur , trois Sénateurs partirent d'Italie pour demander sa tête. Cependant, pour ne point éventer cette trame , dont le succès intéressait plus Rome qu'une victoire , ils répandirent le bruit qu'ils venaient uniquement pour concilier Massinissa avec Carthage.

Une pareille ruse n'était pas faite pour

en impofer à Annibal : dès qu'il vit des Romains dans fa patrie, il preffentit qu'on allait le profcrire ; il céda donc au temps & à la fortune, & voulant épargner un crime à fes concitoyens, il fongea de lui-même à fe bannir des lieux qui l'avaient vu naître.

Les apprêts de cette retraite fe firent fans éclat ; l'illuftre infortuné, pour écarter tout foupçon, parut une grande partie du jour dans la place publique, & à l'entrée de la nuit, il fe rendit aux portes de la ville, fans changer d'habits, avec deux efclaves qui n'étaient pas même dans fa confidence ; là, il monta fur un cheval qu'on tenait prêt, & à la pointe du jour, il était déjà arrivé fur le bord de la mer, non loin du monument qu'on a appellé de fon nom, *Tour d'Annibal.*

Par un concours d'évènemens heureux, il fe trouvait fur ces parages une galère équipée & fur le point de partir. Annibal y entra, dit que le Gouvernement l'envoyait en Ambaſſade à Tyr, aborda en effet à cette Métropole de Carthage, où il fut reçu comme un dieu tutélaire, & delà ſe rendit à Antioche.

Les Ambaſſadeurs de Rome apprirent bientôt que leur victime leur était échappée ; mais comme ils avaient ſecoué toute pudeur, ils n'en perſiſtèrent pas moins à demander à la République Africaine qu'elle proſcrivît la tête du héros. La baſſeſſe des vaincus l'emporta encore ſur celle des vainqueurs ; on répondit ſans balancer *qu'on était diſpoſé à faire tout ce que Rome trouverait juſte & raiſonnable ;* comme ſi la juſtice & la raiſon de Rome pouvait juſtifier à Carthage l'ingratitude & les aſſaſſinats !

Annibal rendu, par cette perſécution odieuſe, à toute ſa haine contre le nom Romain, engagea Antiochus à la guerre ; il le détermina même à en placer le foyer au ſein de l'Italie. Mais Rome de ſon côté ne s'endormait pas ſur le ſéjour de ſon formidable ennemi en Aſie. Elle en-

voya Scipion & Villius à Ephèse , pour
éclairer fes démarches : ces négociateurs
(le dernier fur - tout) confommés dans
toutes les rufes de la politique , eurent de
fréquens entretiens avec lui , & affectè-
rent de le combler de marques de confi-
dération, pour rendre fa perfonne fufpecte
au Roi de Syrie ; le ftratagême réuffit. Les
careffes perfides de Villius refroidirent
infenfiblement Antiochus pour l'illuftre
rra nsfuge : il ceffa de l'admettre dans un
confeil ; & contrariant tous fes plans de
campagne, il décida que fon armée , au
lieu de defcendre en Italie , irait envahir
le Péloponèfe.

Annibal ne vit pas, fans chagrin, qu'on
avait élevé des nuages fur fa fidélité.
« Seigneur , dit-il un jour à Antiochus ,
» je fuis l'homme de la terre , dont le
» zèle contre vos ennemis devrait être le
» moins foupçonné. Je fortais du berceau ,
» quand Amilcar , mon père , me con-
» duifit à l'autel , & m'y fit jurer que je
» ferais, jufqu'au tombeau , l'ennemi du

» nom Romain. C'eſt cette haine que j'ai
» ſucé avec le lait, qui m'a empêché, pen-
» dant trente-ſix ans, de remettre dans
» le foureau l'épée que j'avais tiré contre
» les tyrans du globe ; c'eſt elle qui m'a
» révolté contre la paix ignominieuſe que
» ma patrie a ſignée avec le vainqueur de
» Zama ; c'eſt elle enfin qui m'a fait
» bannir de Carthage, & qui m'oblige au-
» jourd'hui à vous demander un aſyle.
» Conduit par cette haine, qui ne mourra
» qu'avec moi, ſi vous fruſtrés mon eſ-
» poir, j'irai par-tout où je ſaurai qu'il y
» a des ſoldats, ſuſciter des ennemis aux
» Romains, & retarder ainſi l'eſclavage
» du monde ».

Antiochus parut ému ; mais en ren-
dant ſon amitié au héros, il ne lui rendit
pas ſa confiance. Annibal voyant que
l'ancien plan de deſcendre en Italie était
entièrement rompu, ſe borna à demander
cent vaiſſeaux montés de ſix mille hommes
de pied & de mille chevaux, pour faire
ſoulever les peuples de l'Afrique : le Roi

de Syrie parut d'abord déférer aux lumières de ce grand homme ; mais un Ambassadeur des Etoliens, qui lui promit imprudemment des troupes auxiliaires de la part de Nabis, tyran de Sparte & de Philippe de Macédoine, le fit bientôt revenir à sa première opinion, de fixer le théatre de la guerre dans le Péloponèse.

Du moment qu'Annibal ne dirigea plus le génie guerrier d'Antiochus, celui-ci ne fit que des fautes. Il laissa derrière lui Troye, Smyrne & Lampsaque, qu'il aurait fallu réduire avant de commencer la campagne. Au lieu d'attendre l'armée formidable qu'il avait en Orient, il n'emmena avec lui qu'un corps de dix mille hommes & de cinq cents chevaux, comme s'il n'eût été question que de prendre possession d'un pays sans défense, & non de conquérir une contrée libre, en heurtant le colosse de la puissance Romaine, qui veillait à sa défense.

Pour comble de malheur, la défection de Philippe, qu'Annibal avait prévue, arriva. En vain Antiochus, par les conseils du héros, envoya-t-il un de ses Officiers généraux recueillir les offemens des Macédoniens, restés sans sépulture à Cynoscéphale : le Roi de Macédoine feignit de prendre ce trait de générosité pour une insulte, & appella les Romains contre l'armée Syrienne, qui faisait la loi à la Thessalie. Antiochus se vengea, en ravageant les environs du fleuve Penée, en s'emparant de quelques places peu importantes : mais la campagne en général ne remplit point ses vues d'ambition, il fut contraint de lever le siège de Larisse, & de s'aller renfermer, sans gloire, dans les murs, soit de Chalcis, soit de Démétriade.

Pendant son séjour à Chalcis, ce Prince se trouvant logé chez Cléoptolème, le citoyen le plus opulent de cette capitale de l'Eubée, eut encore la faiblesse, à l'âge de cinquante-deux ans, de devenir éperdument amoureux de la fille de son hôte, de se donner en spectacle, en épousant un enfant de quatorze ans, à tous les peuples de fa vaste Monarchie, & de renouveller les orgies indécentes des Sardanapale & des Alcibiade, dans les fêtes de fon mariage.

L'approche du Conful Acilius rappella enfin fa raifon, abforbée par l'ivreffe de l'amour. Il fe hâta de fe faifir du défilé des Thermopyles; mais les Romains qui ne pouvaient fubfifter dans un pays ennemi qu'à force de victoires, vinrent l'y chercher. La première action fe paffa près du monument où périt, au temps de Xercès, Léonidas, avec fes trois cents Spartiates. La vue des offemens de ces hommes généreux, ne dit rien aux Grecs dégradés, qui défendaient ce paffage pour Antiochus. Un fimple détachement de deux mille hommes commandé par l'illuftre Caton, fuffit pour les mettre en déroute; le refte de l'armée Syrienne partageant la même terreur panique, s'éloigna en défordre du champ de bataille. Les vainqueurs n'eurent que la peine de tuer; & quoique perfonne ne fe mît en défenfe, ils eurent

la férocité de continuer le carnage, jufqu'à
ce que la nuit les empêchât de difcerner
leurs victimes. Des dix mille foldats qui
étoient chargés de défendre le pas des
Thermopyles, il n'en refta que cinq cents
qui fe fauvèrent à Chalcis avec Antiochus.
Pour le Conful, il ne perdit que cent
cinquante hommes. Il eft probable qu'Annibal ne fe trouva pas à cette action; car
il feroit mort de honte fur le champ de
bataille.

Il reftait au Roi de Syrie une flotte
qui donnait la loi fur les mers du Péloponèfe. Son Amiral Polyxénidas l'engagea
à hafarder un combat où, grace à Eumène,
Roi de Pergame, les Romains triomphè-
rent encore. La flotte vaincue, vogua en
défordre du côté d'Ephèfe.

Tant de défaftres achevèrent d'éclairer
Antiochus fur la faute qu'il avait faite
de ne pas confier la deftinée de fa Monarchie au génie d'Annibal. D'après les
confeils de ce grand homme, loin de
céder à fon mauvais fort, il déploya,

avec la plus grande activité, toutes ſes
reſſources; il augmenta les garniſons de
toutes les villes maritimes; Séleucus, l'héritier préſomptif de la couronne, fut envoyé en Etolie pour obſerver les Romains;
une nouvelle flotte fut équipée pour lui
conſerver l'Empire de la mer, & tandis
qu'Annibal paſſait en Orient pour amener
les vaiſſeaux de Phénicie ſur l'Helleſpont,
le Roi, du centre de la Phrygie, ſe chargea
de veiller ſur l'Aſie mineure, & d'empêcher cette vaſte péninſule de ſe détacher
de l'empire des Séleucides.

L'influence du génie d'Annibal commença dès-lors à ſe faire ſentir. Une flotte
Rhodienne, qui venait ſe joindre aux Romains, attirée, par une ruſe Carthaginoiſe,
entre une eſcadre de Pirates, & l'armée
navale d'Antiochus, après un combat
meurtrier, fut entiérement défaite. L'Amiral Syrien s'empara de vingt vaiſſeaux, &
les amena, en triomphe, devant Epheſe.

D'un autre côté, Séleucus ravageait impunément le royaume de Pergame, allié

des Romains; &, à l'aide de quatre mille Gaulois foudoyés, faifait trembler l'ennemi jufques dans les remparts de fes Métropoles.

Antiochus, jaloux de partager les triomphes de fon fils, acheva de nuire aux affaires d'Eumène & des Romains, en faccageant les environs de Thèbes, & en prenant Aphrodifée & Priène d'affaut.

Après une campagne fi glorieufe, le Roi de Syrie fe repofa fur fes lauriers, comme s'il était déjà maître du Capitole. Il alla chercher, dans Sardes, les délices de Capoue, & la fortune l'abandonna de nouveau. Le refte de fon Hiftoire n'eft plus qu'un tiffu de défaftres qui s'enchaînent les uns aux autres; défaftres qu'il dut d'ordinaire à fes fautes, & dont les adulateurs, qui s'obftinaient à lui donner le nom de Grand, eurent tort d'accufer fon étoile.

Séleucus commença la chaîne des humiliations. Diophane, élève du fameux Philopémen étant venu, avec mille Achéens, au secours d'Eumène, osa attaquer les quatre mille Gaulois qui bloquaient sa Capitale, les mit en déroute, s'empara de leur camp, & sauva ainsi le royaume de Pergame.

Dans le même temps, l'Amiral Polixénidas ayant eu l'imprudence d'aller chercher la flotte Romaine sur les parages de l'Ionie, perdit quarante-deux vaisseaux, dont treize furent pris, & le reste brûlé, ou coulé à fond. Émilius, qui avait remporté cette victoire, en fut tellement flatté, qu'onze ans après il se crut encore en droit d'ériger, en mémoire d'un pareil événement, un Temple au Jupiter du Capitole.

Annibal restait à Antiochus, & ce grand homme qui n'avait qu'une flotte équipée à la hâte à gouverner, connaissant peu l'élément sur lequel on le forçait de combattre, ne pouvant déployer par son peu d'intelligence dans la manœuvre, son génie fécond en ruses militaires, se laissa battre par les Rhodiens devant Sida, ville maritime de la Pamphylie.

Cette défaite, qu'Antiochus ne devait imputer qu'à sa maladresse de n'avoir pas mis le héros de Carthage à sa place, acheva de l'indisposer contre lui. Sur le point d'être dépouillé de sa couronne, il eut la bassesse de penser à la racheter, en livrant aux Romains le vainqueur de Trasimène, & de Cannes ; mais Annibal ne laissa pas le temps à ce Prince de consommer sa perfidie. Il se sauva dans l'isle de Crète avec quelques amis, ses trésors & ses esclaves.

Cependant les trésors de cet illustre fugitif, en tentant la cupidité des Crétois, furent sur le point d'accélérer sa perte. Pour tromper l'avarice de ces brigands, il eut recours à un stratagême ; il remplit quelques coffres de plomb fondu, couvrant seulement d'or & d'argent leur surface, il les mit ainsi en dépôt dans un temple de Diane, en présence des insulaires, qui établirent une garde autour du temple, & laissèrent une liberté entière à Annibal. Celui-ci, au premier vent favorable qui s'éleva, monta fur un vaiffeau avec des ftatues d'airain creufes, où fes vrais tréfors étaient renfermés, & alla demander un afyle à Prufias, Roi de Bithynie.

Avec Annibal, on vit difparaître de la Syrie la valeur, l'intelligence dans l'art militaire, & fur-tout cette haine du nom Romain, qui tenait lieu de patriotifme aux états abfolus. Antiochus plia avec ignominie, au lieu de rompre avec gloire, comme ce cedre orgueilleux qui écrafe encore en tombant ceux qui conjurent fa ruine ; auffi l'hiftoire des Séleucides, à quelques intervalles près de fplendeur, n'eft guère plus que celle de la longue décadence de leur monarchie.

BATAILLE DE MAGNÉSIE.

TRAITÉ DE PAIX ENTRE ROME ET LA SYRIE. MORT, TRAGIQUE D'ANTIOCHUS.

ANTIOCHUS, ne prenant conseil que de son effroi, se hâta de retirer ses troupes de l'Hellespont ; alors les Romains voyant l'Asie dégarnie, se jettèrent sur ce monde nouveau qui s'offrait à leur vaste ambition. Le Roi de Syrie instruit de l'approche de Scipion, lui envoya demander la paix, offrant d'évacuer une Alexandrie bâtie sur le Granique, Smyrne & Lampsaque, d'abandonner à leur destinée les villes du Péloponèse, qui étaient entré dans son alliance, & de payer la moitié des frais de la guerre. Le Romain, dont la fierté croissait en raison de la faiblesse de ses ennemis, répondit que puisqu'Antiochus avait été l'aggresseur, c'était à lui à indemniser en tout la République de ses frais & de ses pertes, & qu'il n'y avait aucun traité à attendre,

s'il ne rendait la liberté à toutes les colonies Grecques de l'Afie Mineure, & s'il
n'évacuait tout le pays qui eft entre le
mont Taurus & l'Hellefpont. L'Ambaffadeur Syrien, voyant que Scipion, comme
chef de fa nation, ne pouvait être gagné,
tenta de le corrompre comme homme
privé, en lui promettant des dons dignes
de la magnificence d'Antiochus, & en le
flattant de l'efpérance qu'on lui rendrait
fon fils fans rançon. « Je te pardonne,
» répondit le Conful, de tenter de me
» féduire ; tu ne connais ni Rome ni fon
» repréfentant. Va dire à ton Maître que
» du moment où il nous a abandonné
» Lyfimachie, la clef de l'Hellefpont,
» nous n'avons plus befoin que des Dieux
» & de notre épée, pour nous rendre en
» Afie. L'or qu'il m'offre pour trahir les
» intérêts de ma patrie, je fçaurai l'ac-
» quérir en la fervant. Quant à mon fils,
» fa liberté m'eft chère ; fi Antiochus me
» le rend, il a quelques droits à ma recon-
» naiffance ; mais s'il faut le racheter, ce

» ne fera qu'au prix du fang. Telles font » mes difpofitions; & tant qu'il me reftera » un fouffle de vie, je n'en changerai » jamais ».

Antiochus, au récit de cette entrevue, crut voir fon fceptre chancelant s'échapper de fes mains : cependant il fit encore une nouvelle tentative auprès du Général Romain; ayant appris qu'il était malade dans fa tente, il lui renvoya fon fils, fans exiger de rançon. Scipion embraffa le jeune homme, vanta la générofité d'Antiochus, & fe difpofa à une bataille.

Elle fe donna près de Magnéfie; c'eft une des plus mémorables de l'antiquité. Le Roi de Syrie s'était pofté au pied du mont Sipyle, & avait fortifié fon camp de manière à le mettre hors d'infulte; fon armée était forte de cinquante-quatre éléphans, de foixante & dix mille hommes de pied, & de douze mille chevaux. Pour les Romains, ils n'avaient en tout que feize éléphans, & trente mille hommes; mais Scipion était à leur tête, ce qui rétabliſſait l'équilibre entre les deux armées.

On fut long-temps en préſence, à s'obſerver. Enfin les Romains qui ne pouvaient ſe maintenir dans un pays où leur nom était déteſté, que par d'éclatantes victoires, ſe haſarderont à aller braver l'ennemi dans ſon camp, & à tenter de l'y forcer. Antiochus qui vit trente mille hommes prêts à en attaquer quatre-vingt-deux mille, au milieu de leurs retranchemens, ſe crut un moment Xercès en préſence des Grecs, & preſſentit que Magnéſie allait devenir pour lui Platée ou Marathon. Cependant, pour ne point décourager ſes troupes, que le ſpectacle d'un pareil ſiège ſuffiſait pour mettre en déroute, il les fit ſortir dans la plaine, & les rangea en bataille.

La principale force d'Antiochus conſiſtait dans ſa phalange. Ce corps de ſeize mille hommes était diviſé en dix bataillons, dont chacun préſentait un front de cinquante hommes ſur trente-deux de profondeur, &, dans chacun des intervalles qui les féparaient, on avait placé deux éléphans. Ces éléphans, indiens d'origine, l'emportaient, par leur vigueur & leur taille, fur ceux des Romains, qu'on avait tirés d'Afrique : rien n'était plus impofant que le fpectacle qu'ils préfentaient. Outre leurs houffes & leurs panaches où brillaient l'or, l'argent, la pourpre & l'ivoire (vains ornemens, au refte, qui invitent un ennemi par l'efpérance de la proie, & qui ne fauvent point une armée), on avait placé fur leurs dos des tours, montés par des foldats armés de flèches & de javelines. A quelque diftance de la phalange, & au devant d'une partie de la cavalerie, il y avait un rang de chars armés de faulx : ainfi toutes les inventions deftructives, qui fuppléent quelquefois à l'abfence de la valeur, fe trouvaient dans l'armée d'Antiochus.

Le jour de labataille, il fe forma, au lever du foleil, un brouillard épais qui fervit merveilleufement la fortune romaine ; car l'obfcurité qui en réfulta, empêcha les

Syriens de se reconnaître, & d'agir de concert à cause de leur grande étendue, tandis que l'humidité, en amollissant les cordes de leurs arcs, en détruisait tout le ressort. Les Romains souffrirent beaucoup moins de ce brouillard, soit parce qu'ils faisaient moins d'usage de la fronde & de l'arc que de l'épée, soit parce que, leur front occupant moins de surface, il leur était plus aisé de distinguer leurs drapeaux.

L'action commença du côté des chars armés de faulx. Eumène, Roi de Pergame, qui, en qualité d'Asiatique, connaissait le fort & le faible de ces instrumens de destruction, imaginés en Orient, ordonna à des Archers Crétois de fondre sur eux par petits pelotons, en jettant tous ensemble de grands cris, & de les accabler d'une grêle de pierres & de javelots. Les chevaux des chars, comme Eumène s'y attendait, effrayés des cris, prirent le mords aux dents, rompirent leurs guides, & se retournèrent contre les troupes qu'ils devaient défendre. Ainsi ce qui devait

mettre le défordre dans les légions romaines, commença la déroute de l'armée
d'Antiochus.

La cavalerie de Scipion, voyant l'aîle
gauche des Syriens ouverte par l'action
des chars armés de faulx, qui reculaient
fur fa première ligne, fe précipite dans
l'ouverture, met ce grand corps en déroute, & porte le défordre & l'allarme
jufques dans la phalange qui formait le
corps de bataille.

Antiochus était plus heureux d'un autre
côté. Ayant obfervé que l'aîle gauche de
Scipion, défendue par une rivière, était
entièrement découverte par les flancs, il
fondit fur elle avec vigueur, la rompit,
& la pourfuivit jufques dans fes retranchemens. Le Tribun Emilius, qui était
demeuré à la garde du camp avec un corps
de douze mille hommes, plus Romain que
jamais à l'approche du danger, ordonne
à fes foldats de tuer les fuyards, leur
fait faire volte-face & arrête Antiochus.
Dans l'intervalle, Attale, frère d'Eu-

mène,

mène, vient au secours du Tribun avec deux cents chevaux qui n'avaient pas encore combattu. Alors le Roi de Syrie, pressé entre Attale & le Tribun, se retire en désordre; & les Romains, vainqueurs dans les deux aîles, pénètrent, à travers des monceaux de cadavres, jusqu'à la phalange qu'ils enfoncent après une longue résistance, &, de-là, jusqu'au camp d'Antiochus, qui, n'ayant point de Tribun Emilius pour le garder, est pris & abandonné au pillage.

Appien, qui est quelquefois homme d'état, prétend que ce qui perdit l'armée Syrienne, fut la manière dont son Roi rangea la phalange. Jusqu'à ce moment, ce corps composé de vieilles cohortes aguerries, avait été la terreur de l'Orient; il fallait donc, pour en tirer plus de service, lui donner beaucoup de front & moins de profondeur. Si chacun des dix bataillons qui la composoient, au lieu d'avoir trente-deux rangs de cinquante soldats, n'en avait eu que seize, mais

chacun de cent hommes, il eſt évident
que la moitié des combattans n'aurait pas
été inutile, comme elle le fut dans la
bataille de Magnéſie. On peut répondre
à Appien que la déroute ayant commencé
par une aîle entière qui ſe jetta dans la
phalange, pour y chercher un appui, ſi
ce corps formidable avait augmenté ſon
front au dépens de ſa profondeur, il aurait
été bien plutôt enfoncé, ſoit par les
fuyards, ſoit par l'ennemi qui les pourſuivait. Ajoutons que cette diſpoſition de
la phalange n'était point auſſi défectueuſe
qu'on le ſuppoſe, d'après la défaite d'Antiochus, puiſque Philippe de Macédoine
l'employa pour vaincre la Grèce entière à
Cheronée ; & Alexandre, pour triompher des Perſes à Iſſus, au Granique &
à Arbelle.

Tite-Live de ſon côté mérite d'être lu
avec non moins de circonſpection, quand
il affirme que cinquante-quatre mille
Syriens périrent dans la fuite ou ſur le
champ de bataille ; tandis que Scipion

ne perdit que vingt-quatre cavaliers &
trois cents fantaffins : de pareils contes ne
pouvaient être crus que par les Plébeyens
de Rome, quand ils formaient des plé-
bifcites fur la foi des Sybilles.

La défaite d'Antiochus lui fit perdre
toute l'Afie mineure. Thyatyre, Tralles,
Ephèfe & les deux Magnéfies fe hâtèrent
d'ouvrir leurs portes aux Romains; & cet
exemple fut fuivi par toutes les Métropoles, jufqu'au Mont Taurus.

Antiochus arrivé dans fa capitale, fit
plier fon orgueil fous ce qu'il appellait
l'impitoyable loi de la néceffité, & il dé-
puta Antipater, fon neveu, & Xeuxis,
Gouverneur de Lydie, à Scipion, pour lui
demander la paix : elle fut accordée ; mais
le vainqueur dicta la loi, & la dicta de la
manière la plus humiliante pour fa victime. Voici le traité, tel à-peu-près qu'il
fut gravé fur une table d'airain au Capitole.

« Il y aura paix & alliance entre le
» peuple Romain & le Roi Antiochus,
» aux conditions dont voici l'énoncé.

» Le Roi de Syrie n'accordera le paſſage
» ſur les terres de ſa domination à aucun
» des ennemis ſoit de Rome, ſoit de ſes
» Alliés ; il ne leur fournira ni troupes, ni
» vivres, ni argent, ni vaiſſeaux. — Cette
» partie du traité ſera de même obligatoire
» pour les Romains, à l'égard des ennemis
» d'Antiochus.

» Le Roi de Syrie n'aura pas le pou-
» voir de paſſer, les armes à la main, en
» Europe, ni de faire la guerre aux Inſu-
» laires de la Méditerranée.

» Il retirera ſes garniſons de toutes les
» places qui ſont renfermées entre le
» Mont Taurus & la mer d'Ionie.

» Le Roi de Syrie, le Roi de Pergame
» & les Romains, ſe rendront mutuelle-
» ment les priſonniers, les transfuges &
» les eſclaves.

» Le Roi de Syrie donnera tous ſes
» éléphans armés en guerre, & il ne lui
» ſera pas permis d'en acheter d'autres ;
» il abandonnera auſſi aux Romains tous
» ſes vaiſſeaux longs avec leurs agrêts &

» leurs équipages : la feule marine qu’on
» accorde à ce Prince , confiftera en dix
» galères , dont la plus forte aura trente
» rames. Quant aux autres navires fubal-
» ternes , aucun d’eux ne pourra s’élever
» au-delà des promontoires de Calicandre
» & de Sarpédon, fi ce n’eft pour tranfporter
» le tribut dû aux Romains, & les ôtages.

» Les Rhodiens demeureront paifibles
» poffeffeurs des places qu’ils avaient ,
» avant la guerre , dans la Monarchie
» d’Antiochus, & ce Prince évacuera, fans
» délais , les villes de Lycie & de Carie ,
» dont le traité de paix promet à ces Ré-
» publicains la jouiffance.

» Le Roi de Syrie enverra aux Romains
» douze mille talens d’argent au meilleur
» titre , qu’il leur doit encore ; il y joindra
» cinq cents quarante mille mefures de
» bled , le tout payable dans l’intervalle
» de douze ans , à compter de la fignature
» du traité.

» Il paiera à Eumène, Roi de Pergame,
» trois cents cinquante talens dans l’ef-

» pace de cinq ans, & cent vingt-sept
» autres pour le bled qui était dû à Attale,
» son frère.

» Enfin il donnera, pour sûreté de ses
» engagemens, vingt ôtages entre dix-
» huit ans & quarante-cinq, qu'on re-
» nouvellera tous les trois ans.

» Si quelqu'allié des Romains insulte
» Antiochus, il lui sera permis de se
» défendre; & les deux partis n'auront
» pas besoin d'arbitres étrangers pour
» terminer leurs querelles ».

Avant que ce traité, si humiliant pour
la Syrie, fût gravé sur la table d'airain
du Capitole, Antiochus avait été obligé
de donner à Scipion, pour acheter un
droit aux préliminaires de la paix, trois
mille de ces talens, au titre le plus
fin (a), dont il est parlé dans un des

____

(a) Polybe, *Legat.* 24, & Tite-Live, *lib.*
37 & 38, appellent tous deux ce talent, le *talent
d'Eubée*, & disent qu'il contenait quatre-vingt
livres Romaines. D'après ces données, le savant

articles du traité ; & , comme ce talent,
exigé par l'avarice romaine, était d'un
huitième plus fort que le talent Attique

Hiſtorien des Juifs, le Docteur Prideaux, réſout
le problême de la manière la plus étrange ; con-
fondant la livre numéraire & la livre de poids,
& donnant à la livre Romaine la valeur de 7680
deniers Romains, il évalue le talent d'Eubée
968000 livres de notre monnaie. Suivant ce
calcul, la ſomme entière exigée d'Antiochus
monterait à quatorze milliards cinq cents vingt
millions : ce qui eſt une abſurdité évidente ; car
ſûrement à cette époque ces quatorze milliards
& demi n'exiſtaient pas en numéraire ſur toute
la ſurface du monde connu.

Le problême du traité d'Antiochus demandait
une ſolution bien plus ſimple. Le talent Attique
adopté par un tiers du globe, peſait ſoixante
& dix livres, & valait 5416 liv. 13 ſ. 4 d. Or
le talent d'Eubée peſant quatre-vingt livres, ſa
valeur numéraire devait être d'un huitième de
plus. Sans doute que les Romains ne prenant les
monnaies étrangères que pour les fondre, ils
exigèrent ce huitième pour s'indemniſer du déchet
du métal, des frais de fabrique & du droit de
Souverain.

ordinaire, il en réfulte que la fomme totale que la Syrie dut verfer dans le tréfor du Capitole, fut de près de quatre-vingt-douze millions. C'eft en acquittant cette étrange dette, en détruifant lui-même fa marine, & en évacuant prefque toute l'Afie mineure, le plus beau fleuron de fa couronne, qu'Antiochus répara envers les Romains le crime de s'être laiffé battre à Magnéfie.

Ce Prince, qui commençait à fentir le tort qu'on lui avait fait, en lui donnant le nom de grand avant fa mort, figna fon opprobre, mais conçut, en voyant exécuter le traité, un chagrin violent qui altéra en lui les principes de la vie : ce chagrin redoubla, quand il apprit que Cléopâtre, fa fille, qu'il avoit mariée à Ptolemée Epiphane, pour faire fa cour aux tyrans du monde, avait eu la lâcheté de les envoyer féliciter des victoires des Thermopyles & de Magnéfie. Rome elle-même, toute accoutumée qu'elle était à facrifier la nature à fa politique, rougit de ce trait d'adulation, qui compromettait fa gloire auprès des fiècles, &, devant les Ambaſſadeurs de Cléopâtre, elle plaignit le fort d'Antiochus.

Ce fort ne fut cependant pas adouci. On exigea impitoyablement les douze mille talens qui reſtaient à payer, fuivant le traité du Capitole ; & Antiochus trouva la mort en cherchant à acquitter fa dette. A en croire Juſtin, Strabon & Diodore, ce Monarque infortuné, parcourant les Provinces de l'Orient pour recueillir les tributs qu'il deſtinait à fatisfaire l'avarice romaine, arrivé à Elymaïs, apprit qu'il y avait des monceaux d'or enfermés dans un temple de Bélus. L'idée de fatisfaire la dette de l'Etat, fans fouler fes Peuples, le frappa ; il entra de nuit dans l'édifice facré, & enleva fes richeſſes. Malheureuſement la cupidité facerdotale veillait à la porte du tréfor. Les murs de l'enceinte du temple retentirent du nom de facrilège : le Peuple, appellé à venger Dieu, prit les armes, fondit fur Antiochus, &

l'affomma avec tous les Seigneurs de fa
fuite. Cet attentat indigna les Sages; mais,
comme la raifon, en Syrie, n'était pas
encore auffi avancée que dans le Péloponèfe, Antiochus ne fut pas vengé.

Il paraît au refte que les Prêtres de
Bélus eux-mêmes rougirent, dans le
temps, d'un pareil régicide; car, fuivant
une tradition qu'ils répandirent, & que
le judicieux Polybe eut la faibleffe d'adopter, Antiochus, après avoir enlevé les
richeffes du temple, trouva moyen de fe
dérober à la fureur du Peuple d'Elymaïs,
& de fe fauver à Tabis, ville de Perfe.
Là, frappé de divers prodiges, il crut voir
Bélus lui-même pourfuivre la vengeance
de fon facrilège, & il tomba dans des
accès violents de frénéfie qui terminèrent
fes jours. Le fimple récit de cette fable
facerdotale porte avec lui fon contre-
poifon; & il eft inutile de s'y arrêter
dans une hiftoire des hommes.

On cite de ce Prince deux traits qui
honorent fa mémoire. Ami de l'huma-

nité, il chercha lui-même, soit dans les végétaux, soit dans la chymie, un antidote souverain contre presque tous les poisons, &, l'ayant trouvé, il en fit graver la recette sur un marbre qu'il mit à l'entrée du temple d'Esculape (a). Observateur non moins religieux des loix de son pays, il eut la grandeur d'ame de donner un Edit, qui, dans le cas où ses Ministres lui arracheraient quelque décret infracteur du contrat social, défendait à ses Sujets d'y obéir (b). Antiochus le Grand (car ces deux traits nous arrachent encore une fois ce titre adulateur) mourut dans la trente-sixième année de son règne, l'an 1395 de l'ère de Paros, qui répond à la deuxième de la cent quarante-septième Olympiade.

<hr>

(a) Athen. *Deipnosoph.* lib. 15.
(b) Plutarch. *in Apophtegm. Imperat.*

FAIBLE RÈGNE

DE SÉLEUCUS PHILOPATOR (a).

SÉLEUCUS IV eſt diſtingué dans la dynaſtie des Séleucides, par le ſurnom de *Philopator* ou d'ami de ſon père. On ne voit cependant pas que cet ami de ſon père ait jamais ſongé à venger ſon aſſaſſinat. Tous ces ſurnoms des Rois de Syrie & d'Egypte, ne méritent, en vé‑rité, d'être tranſmis aux générations que pour prévenir le déſordre de la chro‑nologie.

Philopator, l'année de ſon avènement, maria ſa fille Laodice avec Perſée, fils de Philippe, Roi de Macédoine : il ſe préparait de loin des appuis contre les effets de l'ambition romaine ; mais le coup

(a) *Polyb.* Legat. 60 & 72, *Tit. Liv.* lib. 42, *Appian.* in Syriac. *Joſeph.* Antiquit. lib. 12, & *Machab.* lib. 2, cap. 3.

fatal était porté : l'invasion heureuse de Scipion dans l'Asie mineure, avait trahi le secret de la faiblesse de tous les successeurs d'Alexandre ; & Rome tenait dans ses filets, à la fois, la Syrie, l'Egypte & la Macédoine.

La vie de Philopator est aussi obscure que son caractère était faible. Il ne fit, pendant les douze ans de son règne, rien de mémorable : il serait même parfaitement inconnu, si l'Historien des Machabées n'avait rapporté à son règne le délit & le supplice d'Héliodore.

Jérusalem vivait en paix sous le Pontificat d'Onias. Un ennemi du Peuple de Dieu, pour troubler cette sérénité, alla prévenir le Gouverneur de la Célésyrie & de la Palestine, que le Temple du Seigneur renfermait des trésors précieux qui pourraient servir à alléger la dette nationale, contractée par Antiochus envers les Romains. Celui-ci en fit part à Séleucus, qui, oubliant ce qu'il en avait conté à son père pour piller le Temple d'Elymaïs,

donna ordre à Héliodore, le Sur-Intendant de fes Finances, d'aller enlever le
dépôt facré, dans Jérufalem, pour le tranfporter à Antioche. Héliodore obéit.
« Déjà, dit l'Hiftorien des Machabées,
» le Syrien était parvenu avec fes Satel-
» lites à la chambre du tréfor ; déjà
» il étendait une main avide pour fe faifir
» de fa proie, lorfqu'on vit paraître
» tout - à - coup un guerrier inconnu,
» monté fur un cheval richement enhar-
» naché, & agitant fa lance d'or ; il
» jetta fur le brigand un regard terrible,
» & pouffa contre lui fon cheval qui le
» foula aux pieds. L'épouvante, à ce
» fpectacle, faifit tous les complices du
» coupable. Au moment où leur trouble
» était à fon comble, on voit defcendre
» encore deux hommes dans la fleur de
» l'adolefcence, & le vifage refplendiffant
» de gloire & de majefté, qui s'élancent
» fur Héliodore, & le frappent à coups
» de verges, jufqu'à ce qu'il tombe fans
» connaiffance. Les Gardes du Miniftre

» de Séleucus furent obligés de le prendre
» dans leurs bras & de l'emporter hors
» du Temple. Cependant quelques Sy-
» riens intercédèrent auprès d'Onias pour
» obtenir le pardon d'Héliodore. Le Pon-
» tife se laissa toucher, & offrit un sacri-
» fice au Dieu d'Israël. A l'instant les
» deux jeunes inconnus se présentèrent de
» nouveau au Ministre Syrien. *Rends*
» *graces à Onias*, lui dirent-ils; *c'est à*
» *sa prière que l'Eternel te laisse la vie.*
» *Frappé de sa main vengeresse, va &*
» *annonce sa grande puissance à l'univers.*
» Héliodore se prosterna, & les inconnus
» disparurent ».

L'homme éclairé, qui ne rassemble dans
sa tête les faits historiques que pour les
comparer, voit avec une singulière surprise
l'aventure d'Héliodore, puni d'avoir voulu
piller le Temple de Jérusalem, si voisine
de celle d'Antiochus qui paya de sa vie
la témérité qu'il eut d'enlever les trésors
du Temple d'Elymaïs. Il faut observer,
au reste, qu'aucun Historien de la Grèce,

de Rome & de l'Orient, ne parle de la merveille opérée au Temple de Jérufalem, fous le règne de Séleucus Philopator, & que Jofephe, qui copie, à cet égard, dans fes antiquités judaïques, le livre des Machabées, fe permet de changer le nom du Héros facrilège, & de fubftituer à Héliodore, Apollonius, Gouverneur de la Céléfyrie & de la Paleftine : mais toutes ces difcuffions font plus à leur place dans l'hiftoire du Peuple de Dieu que dans celle des Séleucides.

Héliodore, depuis fon retour à Antioche, joua un grand rôle dans la Syrie. Les finances de la Monarchie, qu'il gérait à fon gré, fous un Roi fans caractère, lui procurèrent les moyens d'acheter toutes les places importantes pour fes créatures. Quand fon crédit fut affez puiffant pour contrebalancer l'autorité royale, il porta à fon dernier terme fa coupable ambition. Séleucus venait de rappeller Antiochus, fon frère, de Rome, où il était en otage, & il avait envoyé à fa place fon propre fils Démétrius, pour remplir le traité de Scipion. Héliodore faifit l'occafion de l'abfence des deux héritiers de la Couronne, & fervit au Roi un breuvage empoifonné qui lui donna la mort. Ce Prince avait régné douze ans, mais avec tant de faibleffe, que fa mort, toute atroce qu'elle était, ne fit aucune fenfation. Il était mort pour fa Nation, dès le jour où il monta fur le trône. Héliodore, fuivant l'ufage des Etats abfolus, crut tout fimple de fuccéder au Monarque qu'il empoifonnait, &, à l'inftant de la mort de Séleucus, il ceignit le diadême.

JEUNESSE ORAGEUSE D'ANTIOCHUS EPIPHANE.

SON RÈGNE BRILLANT. CONQUÊTE DE L'EGYPTE (a).

ANTIOCHUS IV, plus connu sous le nom d'Epiphane (l'illustre), après avoir été long-temps prisonnier des Romains sous le titre d'otage, & s'être instruit ainsi à l'école du malheur, dans le grand art de gouverner les hommes, revenait en Syrie éclairer de son expérience la nullité de Séleucus, son frère, quand il apprit sa mort & l'avènement d'Héliodore. Telle était l'inertie du Peuple Syrien à cette

____

(a) *Diod. Sicul.* in Excerpt. Valef. *Athen.* Deipnofoph. lib. 5 & 10, *Appian.* in Syriac. *Jofeph.* Antiq. Judaïc. lib. 12, *Polyb.* Legat. 71-72-73 & 84, *Tit. Liv.* lib. 42, 44 & 45, *Juftin.* lib. 34, *Ammian. Marcell.* lib. 22, *Machab.* lib. 1 & 2, & *Eufeb.* in Chronic.

époque, que perfonne n'ofa réclamer les droits du Souverain légitime ; & la dynaftie des Séleucides allait être détronée à jamais, fi Eumène, Roi de Pergame, fi long-temps l'ennemi de cette maifon royale, n'avait eu la grandeur d'ame d'oublier fes anciennes injures, & de prendre en main la caufe des Rois. Ce Prince vint en Syrie à la tête d'une armée, vainquit Héliodore, le dépouilla de la pourpre qu'il avait ufurpée, & en revêtit Antiochus.

Cet orage diffipé, il s'en éleva un autre que le nouveau Roi conjura avec non moins de bonheur. La Reine d'Egypte, fœur de ce Prince, prétendit, en qualité de fille aînée d'Antiochus le grand, avoir des droits à la Couronne de Syrie, & la faire paffer fur la tête de fon fils Philométor. Les intrigues de cette Reine firent en effet fermenter les efprits dans Antioche. Il y eut des Grands qui refusèrent le titre de Roi à Antiochus. Leur révolte femblait d'autant plus dangereufe, qu'elle fe trouvait appuyée par une flotte Egyptienne, qui croifait fur la Méditerranée ; mais le jeune Monarque fçut allier avec tant d'art la douceur & la fermeté, que les mécontens fe rangèrent d'eux-mêmes à leur devoir. C'eft à cette occafion que la Syrie donna à Antiochus le nom d'Epiphane. Samarie, bien plus coupable encore dans fes adulations, lui conféra le titre de Dieu : nous allons voir comment le Dieu de Samarie mérita fon apothéofe.

Epiphane élevé dans Rome, où un Peuple Roi faifait acheter, par des foumiffions ferviles, fa faveur à la Nobleffe qu'elle élevait aux Magiftratures ; Epiphane, dis-je, tranfportant tout d'un coup, dans un Etat abfolu, les mœurs d'une République, voulut être le plus populaire des hommes, &, fans réuffir à fe faire aimer, il avilit la majefté du diadême. Il fortait de fon Palais, accompagné d'un efclave, liait converfation, fans objet, avec l'homme de la lie du peuple, & quand sa gaîté cynique lui plaisait, il allait boire avec lui dans les tavernes. Sur quelques représentations que lui firent des Philosophes, il s'abstint bientôt de ces viles orgies ; mais toujours yvre de plaisirs singuliers, dès qu'il apprenait qu'on donnait quelque grand festin dans Antioche, il allait, sans être prié, se mêler parmi les convives. Il s'apperçut que sa présence importune faisait cesser cette douce liberté, l'ame des repas épicuriens, & par conséquent la joie qui marche à sa suite ; alors il dépouilla tout l'attirail imposant de la royauté, & vint, seul & sans diadême, se confondre avec ses Sujets : mais le coup était porté ; & les Syriens prouvèrent qu'après avoir dédaigné le Roi, ils dédaignaient l'homme dans Epiphane.

Au reste il faut rendre justice à Epiphane. Sa grande popularité ne faisait tort qu'à lui-même. Jamais les Citoyens dont il se faisait l'égal, n'eurent à se plaindre, de sa part, d'aucun abus d'autorité. Son

grand plaifir était de fortir de fon Palais
une couronne de rofes fur la tête, & de
jetter de l'argent à pleines mains à la
populace : il aimait auffi beaucoup les bains
publics, & s'y baignait en préfence de
tout le monde. Un jour un Citoyen pauvre
voyant les apprêts de fon bain, ne put
s'empêcher de dire, en foupirant, qu'on
était bien heureux, quand on pouvait
ainfi fe parfumer ; *fois donc auffi heureux
que moi*, s'écria Epiphane, & à l'inftant
il fit verfer fur le corps du Syrien un vafe
entier rempli des plus précieux aromates.

Il eft un peu plus difficile de juftifier
l'amour d'Epiphane pour les plaifirs de
la table. Ce Prince, toujours dans le
deffein d'être populaire, donnait fréquem-
ment dans Antioche des repas de mille
& quinze cents couverts; on n'y épargnait
rien pour fatisfaire tous les fens : les mets
les plus rares y étaient raffemblés des trois
parties du monde connu. L'air exhalait
l'odeur des parfums du plus grand prix,
& une mufique fur les modes les plus

efféminés achevait l'enchantement. Epiphane luttait avec les convives à qui soutiendrait le mieux les excès de l'ivresse ; & il ne lui manqua souvent que la coupe d'Hercule pour périr de la mort d'Alexandre.

L'ame d'Epiphane, comme celle de Sardanapale, semblait s'ouvrir avec la même fureur à tous les genres de volupté, même à ceux qui semblent s'exclurre. Ce Prince avait un sérail nombreux, & donnait jusqu'à des villes entières en propriété à ses maîtresses. On lui reprochait en même-temps de se prostituer à des Ganymèdes ; du moins tel est le nom qu'on donnait à Timarque & à Héraclite, ses deux favoris, dont l'un fut le Sur-Intendant de ses Finances, & l'autre Gouverneur de Babylone.

Alcibiade, César & Henri IV ont prouvé qu'on pouvait allier le goût effréné pour les plaisirs avec un noble enthousiasme pour les grandes choses. Les ames fortes, à cet égard, semblent concilier les contradictions. Epiphane avait été jetté par la nature dans le moule des Alcibiade; il fervit avec la même idolâtrie la beauté & la gloire; il fe dégrada aux yeux de fa Nation, & eut un règne brillant; il fe laiffa dominer par les Courtifanes de fon férail, & domina fon fiècle fur les champs de bataille.

Epiphane, avant d'imprimer par fes vertus guerrières un grand mouvement à la Syrie, voulut enchaîner foit fes voifins, foit les peuples qui ne préfentaient à fon joug qu'une tête indocile, en fe faifant confidérer : il empêcha les Gouverneurs de la Céléfyrie de fouler cette Province qui n'attendait qu'un prétexte pour fe donner aux Ptolemées. Inftruit de l'intolérance que des Sectaires érigeaient en dogme religieux dans la Paleftine, il permit à Jafon, frère du Pontife Onias, d'établir une académie grecque dans Jérufalem, bien perfuadé que la propagation des arts adoucirait les mœurs de fes habitans, éteindrait parmi eux la flamme du fanatifme, & , au lieu d'un peuple ifolé & exclufif, en ferait des amis du genre humain. Malheureufement ce Jafon , qui voulait fubjuguer fon pays plutôt que l'éclairer, abufa de la confiance d'Epiphane ; il trahit à la fois la caufe de fon Dieu & celle de fon Roi, & on fut contraint de le dépouiller de la préfidence de l'académie & du fouverain Sacerdoce

Epiphane, jaloux de ne point donner à fes projets de grandeur une bafe d'argile, chercha à ne point fe faire une ennemie, de Rome qui balançait alors dans fes mains la deftinée de tous les peuples de l'Orient : il envoya payer le refte de douze mille talens exigés par le traité du Capitole, y joignit un grand nombre de vafes d'or pour les membres du Sénat, & renouvella l'alliance entre la Syrie & la République.

Après toutes ces difpofitions de la plus faine politique, Epiphane arma avec la plus grande activité, pour envahir l'Egypte ; le Confeil de Régence qui gouvernait cette Monarchie pendant la minorité de Philométor, venait de lui faire demander la Célésyrie & la Palestine, ancien domaine des Ptolemées, & menaçait de se faire justice lui-même, en ravageant l'Empire des Séleucides. Le Roi de Syrie, trop instruit dans l'art de la guerre pour en laisser établir le théatre dans ses Etats, prévint ses ennemis, marcha à grandes journées à leur rencontre, & les battit sur les frontières de l'Egypte, entre Peluse & le mont Casios : il ne dut qu'à son génie, & non à la force de son armée, cette première victoire.

L'Egypte ouverte au Conquérant, ne trouvant en elle-même aucune force pour arrêter ses progrès, eut recours à l'ambition de Rome pour contenir celle d'Epiphane. En effet cette République, en qualité de protectrice de tous les Rois opprimés, ordonna aux deux Puissances de s'en rapporter à sa médiation.

Les hostilités cessèrent dans l'intervalle; mais le Roi de Syrie, qui, tout en paroisfant céder aux circonftances, marchait par des voies fecrètes, mais sûres, à fes fins, profita de cette trève pour faire filer des troupes fur les frontières de l'Egypte, pour mettre des garnifons dans les places dont il s'était emparé, & légitimer, pour ainfi dire, à force de foins & de fuccès, fes coupables conquêtes.

Le jugement de Rome arriva enfin ; mais le Roi de Syrie, trouvant qu'il bleffait la majefté de fa couronne, profita du moment où la République était occupée à humilier Perfée en Macédoine, pour envahir une autre partie de la Monarchie des Ptolemées.

Les défaftres cependant, en Egypte, s'enchaînaient aux défaftres. Macron, qui commandait pour Philométor dans l'ifle de Chypre, ayant été outragé par l'Eunuque qui repréfentait ce Souverain dans le Miniftère, paffa au fervice d'Epiphane, & lui livra fon ifle qui n'avait jamais changé de maître, depuis les premiers fucceffeurs d'Alexandre.

Le Séleucide qui avait le génie des conquérans, profita de la terreur générale, pour détacher de nouveaux fleurons de la couronne des Ptolemées : il partit de Tyr au retour du printems, &, pendant que fa flotte attaquait l'Egypte par mer, il la ravagea par terre à la tête d'une armée formidable, où il avait raffemblé un grand nombre de chars armés de faulx & d'éléphans. Philométor vint défendre fes Etats; mais il fuccomba encore. Le Roi de Syrie gagna contre lui une feconde bataille, &, après avoir montré le courage d'un Héros, il en déploya toute la générofité. A la fin de l'action, il courut lui-même dans tous les rangs défendre le carnage à fes foldats ; & les Egyptiens fugitifs, qu'on ne pourfuivait pas, allèrent par-tout vanter la clémence de leur vainqueur. Cette manière fublime de combattre, fi rare dans les Héros guerriers, concilia à Epiphane tous les cœurs. Les peuples s'emprefsèrent de fubir un joug qu'on leur dorait, pour leur en dérober la pefanteur. Toutes les Villes, jufqu'à Memphis, l'ancienne capitale, ouvrirent leurs portes au Conquérant. Il n'y eut qu'Alexandrie qui mit une forte de patriotifme dans fa réfiftance ; &, comme Philométor s'endormait fur fon trône, tandis que le fang de fes fujets coulait à torrens pour fa défenfe, les Etats, indignés de fa lâcheté, le déposèrent. Le Roi détrôné couronna tant de baffeffe, en allant lui-même dans le camp des Syriens, mander l'appui des ufurpateurs de fes états, contre les peuples qui l'avaient jugé indigne de les gouverner.

Antiochus traita Philométor avec la générofité d'Alexandre. Il voulut que ce Prince fût auffi libre en Syrie qu'en Egypte; il le fit toujours manger à fa table, & le jour qu'il fut couronné à Memphis, Roi de la Monarchie des Ptolemées, il déclara publiquement qu'il ne montait fur ce trône étranger, que pour le conferver à fon ancien poffeffeur. Tous ceux qui avaient intérêt à croire l'artificieux Séleucide, le crurent ; mais l'Europe & l'Afie ouvrirent les yeux, & intriguèrent pour empêcher qu'un feul Souverain ne réunît deux des plus beaux héritages d'Alexandre.

Dans l'intervalle, Alexandrie avait choifi un Roi pour remplacer celui qu'elle venait de dépofer ; & ce choix était tombé fur Phyfcon, le frère de Philométor, & un des tyrans les plus abominables qui aient jamais fouillé les trônes de l'anti-quité. Il eft rare que de pareils monftres aient d'autre génie que celui du Machia-vélifme. Auffi la flotte Egyptienne, qui croifait non loin de Pelufe, & dont les Amiraux de Phyfcon dirigeaient les ma-nœuvres, fut mife en déroute dès le pre-mier choc, par celle d'Epiphane. Cette défaite entraîna la défection des Villes maritimes ; & le Roi de Syrie, pour couronner fes conquêtes, vint bloquer par terre & par mer Alexandrie.

Cependant le Péloponèfe fe remuait pour la querelle des Ptolemées. Quelques

Puissances négociaient; d'autres faisaient des préparatifs de guerre. Le Séleucide fut obligé, à la fin, de lever le siège de la Capitale, & de laisser régner Philométor à Memphis, tandis que Physcon régnait dans Alexandrie : il se flattait qu'il y aurait une guerre civile entre les deux frères, & que, quand l'Egypte serait affaiblie par les convulsions de cette espèce d'anarchie, il viendrait, sans danger, se faire couronner sur ses ruines. Ses conjectures Machiavéliques heureusement n'eurent point d'effet, parce qu'il y eut un traité secret entre Philométor & Physcon, par lequel, reconnoissant leurs droits mutuels, ils s'accordèrent à conserver tous deux la couronne.

La nouvelle du traité entre les deux Rois, qui rendait inutiles tous les stratagêmes de la politique d'Antiochus, mit ce Prince en fureur ; il revint en Egypte, à la tête d'une armée, pour en refaire la conquête. Philométor lui envoya à Rhinocorure, une ambassade solemnelle pour arrêter fes progrès. Le Chef de la négociation était chargé de repréfenter au Séleucide, combien fon Souverain était reconnaiffant d'avoir été confervé, par une armée Syrienne, fur le trône de fes pères, & de le conjurer de maintenir fon ouvrage. Antiochus répondit qu'on l'avait trompé; qu'au refte, il demandait qu'on annexât pour toujours à la couronne de Syrie, l'ifle de Chypre & la ville de Pelufe, avec fon territoire, jufqu'à la première embouchure du Nil, & qu'à ce prix il ramènerait fon armée dans Antioché. Philométor qui, à cette époque, n'était plus gouverné par fon Eunuque, eut le courage de préférer la mort fur un champ de bataille au démembrement de fa Monarchie. Alors le Séleucide commença les hoftilités; il parcourut en vainqueur l'Egypte entière jufqu'à Memphis, & déclara qu'il n'abandonnerait le pays conquis, qu'après la réduction & le défaftre d'Alexandrie.

Les deux Rois, dans l'intervalle, avaient

eu recours au peuple Romain, toujours le protecteur des opprimés, quand il prévoyait pouvoir jouer un jour, sans péril contre eux, le rôle d'oppresseur. Popilius partit à l'inftant pour aller notifier à Epiphane les ordres suprêmes de fa République. Nous avons vu dans l'Hiftoire des Ptolemées quelle fut l'iffue de cette ambaffade altière. Un fimple cercle tracé fur le fable avec une baguette, arrêta le conquérant, bien mieux que toutes les armées des Philométor & des Phyfcon. Après un moment de réflexion, Epiphane fe détermina à plier, & dit à Popilius qu'il remplirait l'attente de Rome. Peu de temps après, il évacua en effet l'ifle de Chypre, Pelufe, & les villes du Delta & de la Thébaïde, où il tenait garnifon. Alors l'Egypte revint toute entière fous la domination des Ptolemées.

La prudence d'Antiochus n'était pas au refte auffi pufillanime qu'on pourrait le penfer, d'après l'hiftoire ifolée de Popilius. Rome, à cette époque, était la terreur de l'Orient : elle venait , grace à Paul-Emile , de vaincre Persée , & d'ajouter la Macédoine à son Empire. Ce triomphe avait doublé à la fois les forces de ses Généraux & l'orgueil de ses représentans, & si , dans une négociation avec les Séleucides, tous ses Ambassadeurs pouvaient être des Popilius , à la première campagne tous ses Généraux auraient été des Paul-Emile.

RÉVOLTE DES JUIFS.

DOUBLE SAC DE JÉRUSALEM. MORT MALHEUREUSE D'EPIPHANE (a).

DANS le plan que nous avons fuivi, de réferver tous les détails des événemens dignes de mémoire, pour l'hiftoire du pays où fe paffe la fcène, nous n'avons à tracer qu'un tableau très-rapide des expéditions d'Epiphane contre la Paleftine. Encore le récit doit-il être de la plus grande fimplicité, à caufe des merveilles qui l'accompagnent, & qui tiennent moins à l'hiftoire de la politique qu'à celle de la religion.

La Paleftine, depuis long temps, était une province de l'Empire des Séleucides.

(a) *Polyb.* in Excerpt. Valef. *Quint. Curt.* lib. 5, *Machab.* lib. 1 & 2, *Jofeph.* Antiq. Judaïc. lib. 12.

Les Rois de Syrie tenaient garnifon dans fes places, faifaient contribuer les habi-tans de fes villes, & nommaient jufqu'au grand Pontife de Jérufalem, qui, dans ces temps de trouble & d'anarchie, lui tenait lieu de Vice-Roi. Lorfque le véné-rable Onias fut affaffiné près d'Antioche, Epiphane, en vertu de la prérogative de fa couronne, nomma Jafon pour lui fuc-céder ; & celui-ci s'étant rendu coupable à la fois d'ingratitude & d'apoftafie, ce fût Ménélas qui le remplaça, moyennant trois cents talens qu'il remit au tréfor des Séleucides.

Peu de temps après, un faux bruit de la mort d'Epiphane s'étant répandu en Orient, Jafon crut l'occafion favorable pour récouvrer le fouverain facerdoce ; il entra dans Jérufalem à la tête d'environ mille brigands, chaffa Ménélas, & prof-crivit un grand nombre de fes ennemis, qu'il envoya au fupplice.

Au premier bruit de cette révolution, Epiphane fe perfuada que la Nation Juive avait secoué toute entière le joug de l'obéissance, & il marcha pour la punir de sa rébellion. Jérusalem ne tint pas long-temps contre le Conquérant de l'Egypte; elle fut prise d'assaut, & abandonnée au pillage.

Les Historiens du peuple de Dieu (car ceux des autres Nations se taisent sur ces évènemens mémorables) disent qu'Epiphane, maître de la capitale de la Palestine, y exerça de sang-froid les plus grandes barbaries : ils font le calcul en particulier de quarante mille hommes, qui furent, dans l'espace de trois jours, passés au fil de l'épée, tandis qu'un nombre égal de citoyens fut vendu en qualité d'esclaves. Il était difficile alors de reconnaître le même Souverain, qui jadis, dans le feu des combats, ordonna à ses soldats de respecter le sang des vaincus; devenu depuis le rival des Cambyse & des Phalaris, i se faisait un jeu de massacrer dans une ville, dont il était le maître, quarante mille hommes désarmés qui embrassaient ses genoux. Les Hiſtoriens ſacrés ont bien obſervé ce changement, puiſqu'ils diſent que, peu de temps auparavant, le grand Pontife Onias ayant été aſſaſſiné près de la capitale de la Syrie, Epiphane *pleura ſur le ſort de cet homme pieux*, & fit périr l'aſſaſſin au tombeau de ſa victime.

Quelque ſoient les ſophiſmes des Sceptiques, tout atteſte qu'Epiphane parut dans l'expédition de Jéruſalem, un homme de ſang; & que ce Prince, qui auparavant avait reſpecté dans Onias le Miniſtre du Dieu d'Iſraël, changé ſans gradation en Athée de ſyſtême, entra de force dans le Saint des Saints, & par une dériſion ſacrilège, immola un animal immonde ſur l'autel des holocauſtes.

Après avoir aſſouvi ainſi, diſent les Hiſtoriens ſacrés, ſa rage contre Dieu & les hommes, Epiphane nomma le Phrygien Philippe, le plus féroce de ſes Satrapes, Gouverneur de la Judée; il laiſſa le perfide Ménélas Pontife du Dieu dont il avait profané le sanctuaire, & suspendit ses trophées impies sous les voûtes des Temples d'Antioche.

Il paraît que la Palestine souffrit impatiemment le joug qu'Epiphane lui avait imposé ; car douze ans après, ce Prince, apprenant que le feu de la révolte fermentait de toute part, envoya Apollonius, avec vingt-deux mille hommes, pour renouveller le sac de Jérusalem. Apollonius (& je ne fais encore que transcrire les Historiens du peuple de Dieu) entra dans cette ville infortunée un jour de Sabbat, lorsque tout le peuple était assemblé dans la Synagogue ; & profitant des préjugés religieux qui empêchaient la garnison de se mettre en défense, il ordonna à ses soldats de passer au fil de l'épée tous les hommes, & d'enchaîner tous les enfans & toutes les femmes, pour les vendre aux Orientaux en qualité d'esclaves. Quand le sang des Juifs eut ainsi coulé en torrens dans leur capitale, quand,

par la vente des captives & de leur postérité, la Nation sembla anéantie, on mit
le feu aux édifices, & on fit servir les
massifs de pierres de taille que la flamme
n'avait pu dévorer, de matériaux pour
bâtir une nouvelle forteresse.

Il semble que le double désastre de
Jérusalem devait rassasier la vengeance
d'Epiphane ; mais ce Prince, suivant Jo-
sephe & les Machabées, n'est point un
tyran ordinaire. Après avoir égorgé à
deux reprises différentes la moitié d'un
peuple, il voulut rendre le reste apostat.
Il parut donc un édit solemnel, qui ordonnait à tous les sujets de l'Empire des
Séleucides d'adorer les Dieux Syriens, &
de n'en point adorer d'autres. A peine
eût-il été promulgué, que le Gouverneur
de la Palestine défendit aux Juifs de cir-
concire leurs enfans, fit brûler tous les
exemplaires du Pantateuque dont il put
s'emparer, & plaça dans le Temple de
Jérusalem la statue de Jupiter Olym-
pien.

Polybe, Diodore (*a*) & les Hiftoriens
qui ont eu le malheur de ne point
écrire d'après les Mémoires du peuple de
Dieu gardent le filence fur toutes ces
atrocités ; ils fuppofent que la double
expédition contre la Paleftine nuifit fi
peu à la gloire d'Epiphane , qu'il invita
toutes les Métropoles de la Grèce à
voir ériger le trophée qui devait en
conferver le fouvenir. Paul-Emile , le
vainqueur de Perfée , venait , à cette époque, de célébrer des jeux à Amphipolis.
Le Roi de Syrie , à fon exemple , en
donna de magnifiques à Daphné , auprès
d'Antioche. On voit , par l'énumération
des vafes , des couronnes , & des ftatues
d'or ou d'argent , qu'on y étala avec une
orgueilleufe puérilité , par les deux cents
quarante gladiateurs qui fe promenaient
entre trente-fix éléphans & mille taureaux
engraiffés pour les facrifices, par les trente
mille foldats richement vêtus qui fervaient

______

(*a*) *Polyb*. Apud. *Athen*. Deipnofoph. lib. 5
& 12, *Diod*. *Sicul*. in Excerpt. Valef.

de cortège, qu'on avait tenté de copier la fameuse pompe triomphale de Phila-delphe.

Cependant la Judée n'était rien moins que soumise. Judas Machabée, suivant les Historiens du peuple de Dieu (car ici Polybe, Diodore, & toute l'Antiquité profane, nous abandonne encore); Machabée, dis-je, rassembla six mille hommes d'élite, défit les deux Gouverneurs de Samarie & de la Célésyrie, reprit un certain nombre de places autour de Jérusalem, & y passa au fil de l'épée, soit les Syriens, soit les Juifs, qui s'étaient rendus coupables d'apostasie. Nicanor, ensuite Timothée, & après lui Lysias, vinrent avec des armées formidables venger la honte des armées Syriennes; mais toujours un Ange exterminateur venait conjurer leur ruine; tantôt le Héros Juif, avec trois mille hommes, défait quarante mille fantassins & sept mille chevaux; tantôt, avec six mille soldats, il tue vingt mille ennemis sur le champ de bataille.

Dans son dernier exploit contre Lysias, il avait rassemblé dix mille Juifs, & il mit en déroute soixante & dix mille Syriens, qui n'osèrent plus tenir la campagne. Le vainqueur alla à l'instant réparer les ruines de Jérusalem, & rétablir le culte du Dieu d'Israël, qui subsista depuis, sans interruption, jusqu'à la ruine totale du Temple sous Vespasien.

Epiphane, pendant ce temps-là, était la terreur de l'Orient, il subjuguait l'Arménie, faisait prisonniers ses Rois & ramenait sous le joug les contrées de la Perse qui l'avaient secoué. Au milieu de ses conquêtes, il apprit qu'Elymaïs avait un Temple de Diane, non moins fameux par ses richesses que celui de Belus, dont le pillage avait coûté la vie à son pere. Il se présenta devant la place, pour s'y indemnifer des frais de son expédition ; mais les habitans, quoique tributaires de la Syrie, fermerent leurs portes ; & le Conquérant, après de vains efforts, fut obligé d'en lever le siège, & d'aller ense-

velir fon chagrin dans les remparts d'Ecbatane.

C'eft là qu'il apprit que Judas Machabée était rentré dans Jérufalem , &
avait renverfé de fa bafe la ftatue de Jupiter, que lui-même avait érigé dans le
Temple du Dieu d'Ifraël. Tranfporté de
fureur, il prend la route de la Chaldée,
répétant fans ceffe qu'il ferait de la capitale de la Paleftine le tombeau de tous fes
habitans. Comme il marchait avec la rapidité de l'éclair, fon char, dit Polybe,
peu fait à cette courfe impétueufe, verfa,
& le Prince fut jetté par terre avec tant
de violence, que tous fes membres en
furent fracaffés ; on fe hâta de le tranfporter fur une litière ; mais le pas des
chevaux, tout tranquille qu'il était, agitant fon fang & renouvellant toutes fes
douleurs, il fut obligé de s'arrêter à
Tabès, petite ville fituée fur les frontières
de la Babylonie & de la Perfe. Là, il lui
furvint un abfcès dans l'organe générateur, qui fe trouva inacceffible à la Mé-

decine du fiècle. Cet abfcès produifit une prodigieufe quantité de vers , qui femblaient ne fortir de l'intérieur de la plaie, que pour en dévorer la furface ; ce qui éternifait fon fupplice.

Epiphane, né d'un caractère impétueux, ne fupportait pas plus de mal que la contradiction. Bientôt fon fang s'aigrit ; une fièvre ardente s'alluma dans fes veines ; & au milieu de fon délire , il crut voir des fpectres fortis de la nuit du tombeau, qui lui reprochaient fes emportemens & fes crimes. Polybe ofa attribuer ces vifions finiftres au couroux de la Diane d'Elymaïs , qui fe vengeait de ce que le Roi de Syrie avait tenté de piller fon Temple ; Jofephe & l'Hiftorien des Machabées mieux inftruits, difent formellement que le Dieu d'Ifraël puniffait Epiphane de la profanation de fon culte & du renverfement de fa religion. Ce Prince entendit enfin la voix du remord ; il promit de couvrir d'offrandes les Temples de Jérufalem & d'Elymaïs ; il gémit fur la gloire meurtrière des conquêtes, & déclara qu'il ne régnerait déformais que pour rendre la Syrie heureufe : mais le coup mortel était frappé ; fon ulcère, parvenu à fon dernier période d'activité, propagea fes miafmes putrides dans toute la maffe du fang, & l'infortuné en périt, au milieu des douleurs les plus cruelles, au commencement de la douzième année de fon règne, qui tombe à l'an 1418 de l'ère de Paros, ou à la première de la cent cinquante-quatrième olympiade.

RÈGNES ORAGEUX,

Et fin tragique d'Eupator et de Démétrius (a).

Lorsqu'Epiphane vit qu'il marchait à pas précipités, non à Jérufalem, mais vers la tombe, dans un des intervalles de raifon que lui laiffaient fes accès de délire, il fit venir Philippe, l'ami de fon cœur, auprès de fon lit de mort, lui remit fon diadême, fa robe de pourpre, & fon anneau royal, pour Eupator, fon fils, âgé à peine de neuf ans, & le nomma, pendant la minorité, Régent de la Monarchie des Séleucides. Mais on ne fit pas plus de cas des dernières volontés d'Epiphane, que

____

(*a*) *Polyb.* Legat. 107-114-120-122-140 & in Excerpt. Valef. *Juflin.* lib. 34-35-36, *Zonar.* lib. 2, *Athen.* Deipnofoph. lib. 5 & 10, *Strab.* Geogr. lib. 16, *Machab.* lib. 1 & 2, *Jofeph.* Antiq. Judaïc. lib. 12 & 13, *Eufeb.* in Chron.

du teftament d'Alexandre. Lyfias, Prince
du fang royal, qui commandait dans Antioche, pendant que l'armée Syrienne était
occupée à réduire l'Orient, couronna lui-
même le jeune Eupator, & fe fit fon premier Miniftre. Lyfias était aimé du peuple
& des Grands, & ç'en était affez, dans
un Etat abfolu, pour régner ; auffi quand
Philippe fe préfenta, une vaine patente
à la main, pour faire valoir fes droits, il
vit la Nation muette. Le chagrin le faifit
alors, il alla dans Alexandrie folliciter
les Ptolemées d'époufer fa vengeance &
de troubler en fa faveur le repos de l'Empire des Séleucides.

Ce repos, au refte, n'était pas parfaitement pur. Judas Machabée continuait,
vers les frontières de la Syrie, à fe rendre
formidable. Lyfias, difent les Hiftoriens
facrés, s'étant préfenté avec quatre-vingt
mille hommes, pour faire le fiège de
Bethfura, le Héros Juif, avec une poignée
de foldats, vint le défier, non loin des
remparts de cette fortereffe, lui tua onze

mille

mille fantassins, seize cents cavaliers, &
mit le reste en fuite. Le Régent de la
Syrie, persuadé dès-lors que le Ciel même
combattait pour Machabée & le rendait
invincible, se hâta de traiter avec lui. Le
principal article de la paix, fut la révo-
cation de l'édit d'Epiphane, qui proscri-
vait, parmi les Juifs, l'exercice libre de
leur ancienne religion.

Quoique cette paix eut été signée so-
lemnellement par le jeune Eupator, elle
ne fut pas de longue durée. Comme Lysias
sollicitait secrettement les petites Nations
voisines de la Palestine, de troubler son
indépendance naissante par leurs hostilités, Judas, après avoir battu séparément
tous ces faibles ennemis, si peu dignes de
lui, voulut punir la grande puissance qui
les protégeait, de l'infraction des traités.
Les Syriens avaient alors sur les frontières
de l'Idumée une armée de cent mille
hommes de pied & de vingt mille chevaux, soutenue par trente-deux éléphans
& trois cents chars armés de faulx. Le

Héros de la Paleſtine, toujours avec ſa poignée de ſoldats, alla ſurprendre cet ennemi formidable dans le camp, & lui tua quarante mille hommes avant le lever du ſoleil. Cet effroyable maſſacre, qui devait naturellement terminer la campagne, ne fut pas même utile aux vainqueurs. Les Syriens, dès le lendemain, ſe rangèrent en bataille dans la plaine ; & Judas, qui craignait d'être enveloppé par les troupes qu'il avait vingt fois défaites, ſans réuſſir à les décourager, prit le parti de la retraite. Lyſias le pourſuivit avec vigueur, entra ſur ſes traces dans Jéruſalem, qui n'avait pas encore relevé ſes murailles, & l'aſſiégea dans le Temple. Une révolution, à laquelle perſonne ne s'attendait, ſauva Judas & la Paleſtine.

Philippe, le Régent de la Syrie, de la nomination d'Epiphane, n'ayant pu réuſſir à faire épouſer ſa querelle aux Ptolemées, avait repris le chemin de l'Orient & s'était formé un grand parti parmi les Mèdes & les Perſes. L'abſence de Lyſias l'enhardit, il vint à Antioche avec l'élite de ses troupes, s'empara du palais, se fit reconnaître premier Ministre par tous les ordres de l'Etat, & prit en main les rênes du Gouvernement. Au premier bruit de ces mouvemens, Lysias, que son intérêt pérsonnel touchait plus que la gloire de sa Nation, leva le siège du Temple de Jérusalem, & renouvella le traité qui conservait aux Juifs leurs loix, leurs usages, & l'exercice de leur religion.

L'armée de Lysias, qui s'était déshonorée en Palestine, fut plus heureuse en Syrie. Philippe, qui était venu à sa rencontre, fut battu, non loin des murs d'Antioche, & périt, l'épée à la main, sur le champ de bataille.

Cependant Lysias n'avait encore coupé qu'une tête de l'hydre de la discorde ; il restait une foule d'ennemis à combattre, pour assurer le trône de Syrie à Eupator. Parmi ces ennemis, le plus dangéreux était Demetrius, petit-fils d'Antiochus le Grand, qui avait les droits les plus légi-

times à la couronne des Séleucides, &
qui l'aurait obtenue du vivant même d'Epiphane, s'il n'avait été retenu alors à Rome
en qualité d'otage. Ce Prince, à l'avènement d'Eupator, pria les Romains, comme
les garans du testament d'Antiochus, de
lui rendre l'héritage de ses peres. Le sénat
avoua que sa réclamation était légitime,
& n'y eut aucun égard. Ces Aristocrates
dangéreux, qui déjà dévoraient de leurs
regards la Syrie, sentaient qu'il était de
l'intérêt de leur politique de laisser sur un
trône, qu'ils voulaient envahir, un Roi en
bas-âge, plutôt qu'un homme fait qui
pouvait le défendre. Cependant pour ne
point paraître blesser trop ouvertement ce
phantôme d'équité, avec lequel ils en
imposaient à la crédulité des peuples, ils
envoyèrent des Ambassadeurs à Antioche,
sous prétexte de s'instruire à fond de la
cause des deux Séleucides.

Octavius était à la tête de l'ambassade.
Ce Sénateur, qui joignait à toute la four-
berie des Politiques Romains toute la

fierté de leurs grands Hommes, à peine
arrivé dans la Capitale d'Eupator, y parla
en maître. Sous prétexte que le Souverain
entretenait plus de vaisseaux & d'éléphans
qu'il ne lui était permis, en vertu du
traité du Capitole, il fit mettre le feu à
une partie de la flotte Syrienne, & couper
les jarrets aux plus beaux éléphans de
l'Hypodrome. Cette insulte à la Majesté
Royale ne resta pas impunie ; mais telle
était la faiblesse du trône, qu'il ne se
vengea que par un crime. Un homme du
peuple, nommé Leptine, vint assassiner
Octavius dans le gymnase, lorsqu'il se
faisait oindre d'huile, à la manière des
athlètes, & on prétendit dans le temps
que l'assassin était aux gages de Lysias.
Rome, qui avait à venger le meurtre de
son Ambassadeur, avec un pareil prétexte
pour envahir la Syrie, se trouva moins
disposé que jamais à faire régner Démétrius.

Polybe l'Historien était à cette époque
dans Rome. Démétrius, qui avait le bon

efprit de faire cas de fes lumières, lui demanda confeil. Celui-ci lui fit entrevoir que la République ne fecourait les Rois que pour les détrôner, l'engagea à mettre toutes fes efpérances dans fon courage, & prêta lui-même les mains à fon évafion. Le Prince arrivé à Tyr, fit courir le bruit, par fes Emiffaires, qu'il venait, en vertu d'un décret du Sénat, prendre poffeffion de l'héritage de fes pères. Ce nom de Rome réveilla dans la Syrie l'idée terrible de la défaite de Magnéfie, du détrônement de Perfée, & des défaftres d'Annibal. Le fang d'Octavius, qui femblait demander vengeance, redoublait encore l'effroi général. Dans cette perplexité, tous les ordres de l'Etat crurent qu'il était de la politique de céder aux circonftances. L'armée fe déclara la première; elle inveftit le palais d'Antioche, en tira Eupator & fon Miniftre Lyfias, & les conduifit à Démétrius, qui, pour tarir les murmures dans leur fource, eut la cruauté de figner l'arrêt de leur mort. Eupator n'avait régné que deux

ans, & il n'était pas encore sorti de l'enfance, quand les bourreaux firent tomber
sa tête.

Démétrius cependant chercha, peu de
temps après, à démentir les idées siniftres
que faisait naître le crime qui accompagna
son avènement. Il y avait dans Babylone
deux efpèces de Vice-Rois, qui, à l'ombre
du pouvoir que les Séleucides leur avaient
confié, exerçaient fur les Peuples la tyrannie la plus révoltante. Timarque, l'un
d'eux, était Gouverneur de la Chaldée,
& Héraclide, fon frère, en qualité d'Intendant des finances de la Province, imaginait des impôts fans confulter fon
Souverain, & les levait avec la même
rigueur que s'il eût fait contribuer un
pays ennemi. Le cri des opprimés parvînt
jufqu'au trône. Démétrius manda Timarque à Antioche ; & fur fon refus
d'obéir, il le fit arrêter & mettre à mort.
Héraclide, plus docile, ne fût condamné
qu'à l'exil. C'est à l'occafion de cet acte de
juftice mémorable, que le nom de *Soter*

ou de Sauveur fut conféré par Babylone à Démétrius.

Le Sauveur de Babylone ne put dérober ses propres soldats à l'épée de Judas Machabée. Ce Héros de la Palestine, toujours persécuté par les ennemis de sa Religion, toujours combattant au milieu des merveilles, remporta une victoire si complette sur Nicanor, un des Gouverneurs de Démétrius, que, suivant les Historiens sacrés, il ne s'échappa pas un seul homme pour porter la nouvelle du désastre à Antioche. Le vainqueur fit couper la tête & la main droite de Nicanor, pour servir de trophée sur une des tours de Jérusalem ; & il ordonna que sa langue, qui avait proféré des blasphêmes contre le Dieu d'Israël, après avoir été coupée en morceaux, fut exposée pour être la pâture des vautours.

Bachide vint avec une armée de vingt mille hommes réparer la honte des armes Syriennes. Judas, accoutumé à vaincre ses ennemis & non à les compter, osa attaquer Bachide avec une simple cohorte de huit cents hommes. Après des prodiges de valeur, il succomba enfin sous le nombre, & périt avec gloire sur le champ de bataille.

Ç'en était fait de la Nation Juive, si elle n'avait eu la sage politique de rechercher l'alliance des Romains. Ce Peuple, l'éternel Artifan des difcordes de la terre, pour miner fourdement l'Empire des Séleucides, promit fa protection à la Paleftine. Le traité conclu à cet effet, fut gravé fur des tables d'airain, qu'on dépofa au Capitole.

Démétrius, de fon côté, ne fe crut pas tranquille, parce que Rome gardait le filence. Il refpecta d'abord le fommeil du lion ; enfuite quand il le vit éveillé, il tâcha de l'apprivoifer par fes careffes. Sa politique eut tout le fuccès qu'il pouvait en attendre. Les Romains, occupés alors en Europe, n'ofèrent pas fe mettre plufieurs ennemis fur les bras, & reconnurent le meurtrier d'Eupator pour le légitime ſucceſſeur des Séleucides.

Démétrius, plein de reconnaiſſance, envoya à Rome une ambaſſade ſolemnelle, dont le Chef était chargé de préſenter au Sénat une couronne du poids de douze mille pièces d'or, & ce qui devait encore plus flatter l'orgueil d'un Peuple-Roi, de lui amener enchaînés Leptine & Iſocrate, accuſés de l'aſſaſſinat d'Octavius. Leptine était un homme fier, qui, ſous un Gouvernement abſolu, avait l'ame républicaine : loin de rougir d'avoir trempé ſes mains dans le ſang de l'Ambaſſadeur, il déclarait que le ciel & ſon courage l'avaient inſpiré dans le choix de ſa victime. Iſocrate, vain Rhéteur, n'avait pas oſé braver le péril qu'il y avait à égorger un Romain revêtu du caractère d'Ambaſſadeur ; mais quand le crime fut exécuté, voyant qu'il était impuni, il fut des premiers à en abſoudre l'auteur. On l'entendait ſans ceſſe employer ſon éloquence ſophiſtique à prouver non-ſeulement qu'Octavius avait fubi une mort légitime, mais encore qu'on avait eu tort d'épargner fes collègues, qui, repréfentant comme lui les tyrans du monde, auraient dû partager fon fupplice. Toute cette véhémence verbeufe n'était que de la forfanterie, & le prétendu courage qu'elle fuppofait s'évanouit à l'approche du danger. Quand on arrêta Leptine, cet homme vraiment intrépide, dit qu'il était affez fort pour aller braver le lion dans fon repaire. *J'ai vengé la majeſté des Rois,* ajouta-t-il, *je veux prouver à Rome même que ma main n'eſt pas criminelle, & fa grandeur d'ame n'ofera me condamner, ſi ſa politique n'ofe m'abfoudre.*

Il s'en fallait bien qu'Ifocrate fût ainfi réfigné à fon fort. A la vue de fes chaînes, il ne fongea plus à fon apologie. Tout entier à fon effroi, le vifage livide, les regards baiffés, il refufa de prendre le bain, de fe couper la barbe & les cheveux, & peu-à-peu fa figure devint auffi hideufe que celle des bêtes fauvages qu'on faifait lutter dans l'arène. Au refte, ni l'un ni l'autre des prifonniers ne fut immolé fur la tombe d'Octavius; il eft probable qu'en faveur de l'audace héroïque de Leptine, on fit grace à la pufillanimité d'Ifocrate; ou plutôt la politique de Rome dédaignant de pareilles victimes, fe réferva de punir un jour par la deftruction de la Monarchie des Séleucides, le crime du meurtre de fon Ambaffadeur. Quoi qu'il en foit, les deux Syriens furent renvoyés libres à Antioche. Le Sénat accepta la couronne d'or, & promit de protéger le trône de Démétrius.

Démétrius était digne, par fon ame vile & fes mœurs dépravées, d'être protégé par les tyrans des Nations. Ce Prince, depuis qu'il voyait la couronne affermie fur fa tête, menait dans Antioche la vie de Sardanapale; il avait fait bâtir non loin des remparts de la ville, un château flanqué de quatre tours finguliérement fortifiées, où il fe renfermait fans fe montrer à fes Peuples, pas même à fon Confeil d'Etat & à fes Généraux. Les ſeules perſonnes que les gardes avaient ordre d'introduire, étaient les compagnons de ſes parties de plaiſir, des Courtiſanes & des Ganymèdes. Pendant ce ſommeil du pouvoir ſouverain, les affaires publiques furent négligées, les vexations ſubalternes impunies, l'ordre des loix interverti. Il n'y avait alors que deux moyens de rétablir l'économie ſociale ; une révolution du trône, ou la conquête. Ce fut par la révolution du trône que fut ſauvé l'Empire des Séleucides.

Démétrius, parmi ſes adulateurs, avait un Holopherne, qu'il avait fait un moment Roi de Cappadoce, au préjudice d'Ariarathe, mais qui, n'ayant ni la vertu qui rend digne du pouvoir ſuprême, ni le génie de l'ambition qui y ſupplée, avait été chaſſé par les peuples, en proie à ſes rapines, & victimes de ſon inexpérience. Ce Roi détrôné, de retour à Antioche, à force d'entendre les murmures des Syriens, s'imagina que, s'il les délivrait de Démétrius, ils s'empreſſeraient à lui déférer fa couronne ; il confpira donc contre fon bienfaiteur ; mais le complot mal ourdi fut éventé, & on le jetta dans un cachot avec fes complices.

Pendant qu'Holopherne conjurait fourdement contre la vie de Démétrius, trois Rois fe liguaient entre eux pour lui ravir fa couronne. Ces nouveaux ennemis, infiniment plus dangereux, étaient le Ptolemée, qui gouvernait alors l'Egypte, Attale, Souverain de Pergame, & Ariarathe, qui était remonté fur le trône de Cappadoce. Héraclite, l'ancien Intendant des Finances de Babylone, du fein de fon exil, fe fit l'Agent fecret de la confédération. On employa, pour perdre Démétrius, un de ces moyens étranges qu'on n'oferait admettre dans nos Monarchies modérées, mais qui réuffiffent toujours dans les Etats abfolus, où une Nation mécontente n'a befoin que d'un prétexte pour frapper du même coup la tyrannie & fes tyrans.

Il y avait dans Rhodes un jeune intriguant, nommé Alexandre Bala, de la plus baſſe extraction, mais dont l'ambition active démentait l'obſcurité de ſa naiſſance. Héraclide lui promit la couronne de Syrie, s'il voulait ſe donner pour le fils d'Epiphane, &, quand l'impoſteur fut parfaitement inſtruit de ſon rôle, il le mena à Rome avec Laodice, qui, née légitimement de ce fameux Séleucide, eut la baſſeſſe de reconnaître Bala pour ſon frère, afin d'aſſurer la révolution qui devait ôter le trône à Démétrius. Cette comédie héroïque fut-ſi bien jouée par tous les perſonnages, que Rome en fut la dupe, ou plutôt feignit de l'être. Il y avait alors en Italie un fils de Démétrius qui n'avait pas encore atteint l'âge de l'adoleſcence, & que ſon père avait envoyé pour plaider la cauſe devant les arbitres des Rois. A peine put-il obtenir du Sénat une ſimple audience : pour Bala, il fut reconnu ſolemnellement fils d'Epiphane, &, à ce titre, autoriſé à recouvrer à main armée le ſceptre de ſes pères.

L'impofteur, au comble de fes vœux, léva des troupes foit dans l'Afie mineure, foit dans le Péloponèfe, &, s'étant rendu maître de Ptolémaïde, s'y fit couronner en qualité de Souverain légitime de la Monarchie des Séleucides.

L'approche de l'orage tira enfin Démétrius de fa léthargie : il quitta fon ferrail pour défendre fa couronne, &, comme il ne manquait ni de bravoure ni d'intelligence, il défit d'abord fon concurrent en bataille rangée ; mais, fe croyant déformais à l'abri de tout danger, il retourna dans fa maifon de plaifance, s'endormit, comme Annibal, dans les délices de Capoue, & perdit ainfi tout le fruit de fa victoire.

Dans l'intervalle, les Rois d'Egypte, de Pergame & de Cappadoce, qui n'avaient point figné avec Héraclide une vaine confédération contre Démétrius, envoyèrent à Bala de nouvelles troupes, avec lefquelles il répara fes pertes. Déjà la Sytie était partagée entre les deux

concurrens, lorsque son Roi légitime,
pour prévenir de nouvelles défections, se
vit obligé de confier une seconde fois sa
deftinée au hasard d'une bataille. Cette
dernière fut sanglante, & après avoir
commencé dès la pointe du jour, elle
ne finit que vers le coucher du soleil. La
fortune fut d'abord pour Démétrius ;
mais la rage de poursuivre une aîle fugitive, tandis que l'ennemi conservait toute
sa force dans le reste de son armée, perdit
ce Prince, ainsi que tous les guerriers
présomptueux de l'antiquité. Obligé de
fuir après la déroute complette de son
corps de bataille, il s'engagea dans un
marais, d'où son cheval fatigué ne put
le tirer. Les vainqueurs le reconnurent à
l'éclat de son armure, & l'accablèrent
d'une grêle de traits. C'est ainsi que le
trône de la Syrie sortit pour quelque
temps de la maison des Séleucides.

Démétrius, dès le commencement de
cette guerre, se défiant de son issue dé-
sastreuse, avait envoyé à Cnide, dans

la Crête, ſes deux fils, & les avait confiés à l'amitié d'un Philoſophe. Son attente ne fut point trompée, & nous les verrons, après la tyrannie paſſagère de Bala, re-couvrer l'un & l'autre la couronne de leurs ancêtres.

Le règne de Démétrius fut de douze ans ; ainſi ſa mort tombe l'an 1432, de l'ère de Paros, qui concourt avec la troiſième de la cent cinquante-ſeptième olympiade.

TYRANNIE PASSAGÈRE

DE L'IMPOSTEUR BALA (a).

ALEXANDRE I ou Bala, devenu maître de la Syrie par une imposture heureuse, s'il avait eu quelque chose du génie de nos Cromwel & de nos Koulikan, persuadé que tôt ou tard les yeux de sa Nation se dessilleraient, aurait cherché, à force d'exploits ou de bienfaits, à légitimer son usurpation ; mais se flattant, comme tous les hommes sans caractère, que la fortune qui l'avait élevé, ne l'abandonnerait jamais, il ne se soutint sur le trône, que jusqu'au moment où les Rois qui avaient eu un intérêt politique à l'y

_____

(a) *Justin.* lib. 35, *Diod. Sicul.* Legat. 32, Excerpt. Phot. Cod. 244, & Excerpt. Valef. *Athen.* Deipnofoph. lib. 5, *Machab.* lib. 1, *Joseph.* Antiquit. Judaïc. lib. 13.

élever, en trouvèrent un plus grand à l'en faire defcendre.

Le plus puiffant de ces Rois était Philométor, fans doute. L'impofteur, contre l'ufage de fes pareils, parut d'abord reconnaiffant : il envoya une ambaffade folemnelle en Egypte pour demander Cléopâtre, la fille de Ptolemée, en mariage, & il l'obtint. Philométor qui ne dédaignait plus le fourbe depuis qu'il l'avait fait Roi, fe rendit lui-même à Ptolémaïde avec Cléopâtre, & y célébra fes noces avec une magnificence digne d'un fucceffeur d'Alexandre.

Jonathas, fouverain Pontife de Jérufalem, parut à ces fêtes : il avait rendu de grands fervices à Bala dans fa guerre contre Démétrius. Celui-ci, pour s'attacher encore plus un allié dont il attendait d'autres fervices, flatta fa vanité par des diftinctions & des titres : il lui fit donner une robe de pourpre, & le déclara, conjointement avec lui, Prince de la Paleftine.

Les fêtes de Ptolémaïs, auxquelles Bala prit goût, achevèrent d'énerver son ame. De ce moment, il ne régna que pour jouir. Ce Prince fit conftruire à grands frais un château de plaifance dans la Phénicie, & s'y renferma avec fes Eunuques, fes maîtreffes & un de ces fcélérats de cour, qu'on appelle un favori, & qui, avec le nom de l'ancien Diogène, femblait avoir hérité de fon cynifme. Ammonius, fon premier Miniftre, gouvernait pendant ce temps-là la Syrie, & la gouvernait avec un defpotifme qui aurait révolté, même dans un Souverain légitime. Tout Citoyen qui lui faifait ombrage, était facrifié à fes foupçons impitoyables. Le fang le plus pur de l'Etat coulait à torrents fur les échaffauts. Parmi tant de violences, fruit d'une barbarie froide & fouvent inutile, on fe doute bien que la famille du dernier Roi, qui pouvait inquiéter Bala & fon Miniftre, n'échappa pas à la profcription. Antigone, fils de Démétrius, & Laodice, fa fœur, furent arrêtés & mis à mort : il n'y eut que les deux Princes qu'on avait confiés au patriotisme du Philosophe de Cnide, qui échappèrent aux regards de la tyrannie.

Quand Bala & Ammonius eurent réduits, par leur férocité, les peuples à la défense naturelle, Nicator, l'aîné des deux Séleucides, sortit de son asyle avec quelques cohortes de mécontens, & vint donner des loix à la Cilicie, qui, depuis long-temps, appellait par ses vœux un libérateur.

Deux alliés de Bala retardèrent un moment la révolution. Jonathas qui devait à l'imposteur son titre de Souverain, vint le premier à son secours ; il combattit sous les remparts d'Azoth, le Gouverneur de la Célésyrie, qui s'était rangé sous les drapeaux de Nicator, passa au fil de l'épée huit mille de ses soldats, prit la Ville d'assaut, & la réduisit en cendres avec son fameux Temple de Dagon, & tous les infortunés qui y avaient cherché un asyle. Bala respira un moment après cette

journée sanglante, qui empêcha la défection du reste de la Monarchie des
Séleucides.

Philométor, de son côté, qui avait
donné sa fille à l'imposteur, leva une
armée, & équipa une flotte pour le défendre : mais Bala, qui crut son trône
assez affermi par l'épée de Jonathas, ne
tarda pas à être ingrat. Il est probable
qu'il s'exprima d'une manière peu mesu-
rée sur le pouvoir que son beau-père conservait en Syrie. Quoi qu'il en soit, le
féroce Ammonius, un de ses favoris,
conspira pour assassiner le Ptolemée, dans
une des Métropoles de la Phénicie. Le
complot fut éventé. Le Roi d'Egypte écrivit alors à Bala, de punir Ammonius,
ou de l'envoyer enchaîné à Alexandrie.
Mais le Prince Syrien, dont le front était
aguerri à ne rougir d'aucune infamie, pro-
tégea le perfide, même après le mauvais
succès de la perfidie. Philométor outré,
ôta sa fille à Bala, quoiqu'elle en eût
déjà un fils, & la donna au jeune Ni-

cator, que fa naiſſance & fon génie appellaient au trône des Séleucides.

La guerre fe ralluma donc avec fureur. Philométor, déjà maître de la Phénicie & de la Paleſtine, marcha en vainqueur jufqu'au centre de la Syrie. Antioche lui ouvrit fes portes, & lui offrit une couronne, qu'il eut la générofité de placer lui-même fur la tête de Nicator.

Bala, à cette époque, fe trouvait en Cilicie, occupé à réprimer quelques villes rebelles. Au premier bruit de la révolution, il accourt à la tête de fon armée, & met tout à feu & à fang, aux environs d'Antioche. Le Ptolemée & fon nouveau gendre réuniſſent leurs forces, préfentent la bataille au brigand, & remportent fur lui une grande victoire. Mais cette journée mémorable, fut à la fois fatale aux vaincus & aux vainqueurs.

Au milieu de la mêlée, Philométor, qui, pour encourager les Egyptiens, déployait toute la bravoure d'un foldat, vit son cheval se cabrer, au cri que jetta un éléphant, & tomba ; à l'instant l'ennemi se jetta sur lui, & sans les prodiges de valeur que firent ses gardes, il aurait été tué sur le champ de bataille. Malheureusement ce Prince avait reçu quelques blessures au visage ; ce qui, joint à la violence de sa chûte, le réduisit à rester quatre jours entiers, sans pouvoir faire usage des organes de l'ouïe & de la voix. Le cinquième jour, la connaissance lui revint, & le premier objet qu'il apperçut, fut la tête de Bala, qu'un Prince Arabe lui envoyait. Il est probable que la joie que lui donna un pareil spectacle, causa une nouvelle révolution dans son cerveau affaibli ; car il ne survécut que de trois jours à sa victime.

Avant la mort de Bala, les Syriens s'étaient fait justice eux-mêmes de la tyrannie d'Ammonius; comme cet homme féroce sortait de son palais déguisé en femme, les enfans des infortunés qu'il avait fait traîner au supplice le recon-

nurent, fondirent fur lui, & le poignar-
dèrent.

L'impofteur Bala n'avàit déshonoré
que quatre ans, le plus beau des trônes
des fuccefleurs d'Alexandre.

NOUVEAUX ORAGES

AUTOUR DU TRONE.

RÈGNES COLLATÉRAUX DE NICATOR, DE TRYPHON, ET DE DEUX ANTIOCHUS (a).

DÉMÉTRIUS II ne prit qu'à son avènement le nom de *Nicator* (vainqueur), parce qu'il ne crut le mériter, qu'après avoir vaincu l'usurpateur de sa couronne. La jeunesse de ce Prince, sa douceur, la teinte touchante que répandait sur sa personne quatre ans d'exil & d'infortune, tout contribuait à le rendre cher à sa Nation. Mais l'ascendant qu'il laissa

---

(a) *Justin.* lib. 36-37-38-39-40-41 & 42, *Diod. Sicul.* Legat. 31, & Excerpt. Valef. *Orof.* lib. 5, *Machab.* lib. 1, *Joseph.* Antiq. Judaïc. lib. 12 & 13, *Athen.* Deipnosoph. lib. 3 & 10, *Plutarch.* in Apophtegm. *Euseb.* in Chronic. & *Appian.* in Syriac.

prendre fur lui à Lafthène, fon Miniftre, détruifit bientôt ces heureufes efpérances. Le Miniftre fe trouva un homme féroce, de la trempe des Ammonius, & la haine univerfelle qu'il excita rejaillit jufques fur le Roi-ftatue qu'il faifait parler au gré de fa férocité.

Lafthène lui-même femblait d'abord peu fait pour ramener dans la Syrie un règne de fang. Socrate l'aurait choifi pour être l'Inftituteur d'un Roi. Ce Miniftre fi féroce, qui le croirait ! était le Philofophe de Cnide, au patriotifme duquel le premier Démétrius avait confié fes enfans. Tant que la tête du tuteur & celles de fes pupilles furent fous le glaive de la profcription, les confeils de Lafthène ne refpirèrent que la douce & fainte humanité ; mais à la révolution, quand l'aîné des fils de Démétrius, égaré par la reconnoiffance, fit affeoir à côté de lui fur le trône, fon bienfaiteur, alors les mœurs de ce dernier fe pervertirent. Son caractère, qui jufqu'alors avait fléchi fous l'impérieufe loi de la néceffité, libre de fa contrainte, parut bientôt dans toute fa violence primitive. La philofophie de Lafthène en avait impofé, tant qu'elle s'était reftreinte dans l'obfcurité des devoirs de la vie civile; mais elle ne put foutenir le grand jour du pouvoir fuprême. Il eft bien plus aifé de donner, dans le filence du cabinet, des leçons de philofophie aux Rois, que d'être à la fois & Roi & Philofophe.

Le premier acte d'autorité de Lafthène dans le Miniftère, fut un acte de perfidie. Le Roi d'Egypte, en donnant la couronne de Syrie à Nicator, pour maintenir les Peuples fous la nouvelle domination, avait laiffé des garnifons nombreufes dans toutes les places maritimes. Lafthène, fous prétexte que ces foldats étrangers mena- çaient l'indépendance du trône, envoya l'ordre de les paffer tous au fil de l'épée. Les Egyptiens, qui ne s'attendaient pas à cette abominable prefcription, ne fon- gèrent pas à fe défendre & préfentèrent leurs têtes à leurs bourreaux. Il n'y en eut qu'un très-petit nombre qui, profitant du tumulte causé par un tel massacre, se sauvèrent à demi nuds, & montant sur de frêles chaloupes, abordèrent à Alexandrie.

Un pareil attentat contre le droit des gens, indigna autant la Syrie que l'Egypte. Antioche mit quelque vivacité dans ses murmures; & Lasthène, pour les appaiser, inonda la Ville des satellites de ses fureurs, condamna à l'exil les patriotes les plus obscurs, & fit couler le sang des plus distingués sur les échafauds.

La Syrie entière soupirait après une révolution, mais personne n'osait se déclarer le Chef d'un parti; il y a rarement des Brutus dans les Etats absolus. Cependant Diodote, connu depuis sous le nom de Tryphon, recueillit tous ces murmures. Il avait été Gouverneur d'Antioche sous Bala, & il conservait quelqu'attachement pour sa famille. Instruit que le fils de cet usurpateur vivait à la cour de Zabdiel, le même Prince Arabe qui avait porté la tête du père à Philométor, il se rendit en

Arabie, & obtint qu'on lui confierait le jeune Antiochus pour le montrer à la Syrie & tenter une révolution. Au reste, il n'entrait aucun patriotisme dans la politique de ce scélérat. Son plan était de se servir du fils de Bala pour détrôner Nicator ; ensuite de faire périr le fils de Bala lui-même, pour s'emparer du trône des Séleucides.

Nicator, au lieu de conjurer le péril par des actions dignes d'un Roi, toujours obsédé par le féroce Lasthène, ordonna aux habitans d'Antioche de porter leurs armes dans son palais, espérant par-là d'éteindre la sédition naissante dans son germe. Le grand nombre eut la force de désobéir. Alors le Monarque eut recours à Jonathas, Prince de la Palestine, pour le délivrer de ce qu'il appellait la tyrannie de ses Peuples. Celui-ci lui envoya trois mille hommes, à condition que la garnison Syrienne évacuerait la citadelle de Jérusalem. Nicator, fier d'un pareil appui, qu'il préférait à l'amour de ses Sujets, le jour même de l'arrivée des Juifs, réitéra aux habitans l'ordre de fe défarmer. Cent vingt mille hommes vinrent, l'épée à la main, porter leur réponfe. Ils inveftirent le palais & menacèrent les jours de leur Souverain. Les trois mille Juifs tombèrent fur cette multitude fans Chef & fáns difcipline ; & après un carnage affreux, vinrent à bout de la diffiper. Il y a de quoi confondre la raifon humaine, quand on lit dans les Hiftoriens du peuple de Dieu, que trois mille foldats fuffirent alors pour égorger cent mille hommes.

Au milieu de toutes ces diffentions inteftines, Tryphon s'avançait à grandes journées avec le phantôme de Roi qu'il montrait aux Peuples. Tous les mécontens fe rangèrent à l'inftant fous fes drapeaux. Nicator marcha contre lui avec des troupes incertaines, & qui n'attachaient aucun prix à la victoire ; auffi il fut battu. Le vainqueur s'empara de fes éléphans, de fon tréfor, & vint fe faire reconnaître pour Souverain dans la capitale.

Comme

Comme Nicator, malgré sa défaite, eut toujours un parti en Syrie, l'Empire fut démembré. Pendant que le pupille de Tryphon donnait des loix dans Antioche, l'ancien Monarque régnait dans Séleucie sur l'Oronte. Ce dernier n'avait joui que dix-huit mois du trône sans partage.

Antiochus VI ou Theos II, était né du premier mariage de la fille de Philométor avec l'imposteur Bala. Il entrait dans sa huitième année quand Tryphon vint régner sous son nom dans Antioche : & quoiqu'une mort tragique l'attendît avant d'être sorti de l'enfance, l'adulation lui donna les trois surnoms de *Dieu*, d'*Illustre* & de *Vainqueur*. Du moins on le voit appellé dans une seule médaille Syrienne, *Theos*, *Epiphane* & *Nicephore*. Rien ne démontre plus l'absurdité des surnoms donnés aux Princes dans les Etats absolus. Heureusement l'Histoire impartiale les juge par les faits, & non par les médailles.

Tryphon, pour affermir l'autorité

naissante de son pupille, éblouit par
ses promesses Jonathas, le Vice-Roi de
la Palestine, & le détacha du parti de
Nicator : ensuite craignant que la probité
de son nouvel Allié n'éclairât son Machia-
vélisme, il employa la plus affreuse perfidie pour s'en défaire. Après avoir abusé
de sa crédulité par la perspective de l'entière indépendance, il l'attira, avec mille
soldats, dans Ptolémaïde, sous prétexte
d'ajouter cette Ville à ses domaines. A
peine l'infortuné était-il entré dans les
remparts, que la garnison Syrienne passa
au fil de l'épée les mille Juifs qui l'ac-
compagnaient, & le fit prisonnier lui-
même. Jérusalem traita de la rançon de
ce captif illustre : elle envoya cent talens
pour sa délivrance, & les deux fils de
Jonathas pour garans de la fidélité de la
Palestine ; mais le scélérat qui, comme le
Lysandre de Sparte, ne faisait des sermens
que pour les violer, après avoir juré de
donner la liberté au Héros Juif, & reçu le
prix de sa rançon, l'envoya au supplice.

Cependant l'ambition fanglante de Tryphon n'était encore qu'à moitié fatisfaite. Après avoir arraché une partie de la Syrie à Nicator, & fait mourir le Guerrier dont il redoutait le plus la probité & le courage, il lui reftait un pas à faire pour monter fur le trône des Séleucides; & ce pas, il le fit fans crainte comme fans remords. Le jeune Antiochus fouffrait depuis quelque temps des douleurs de la pierre; fon abominable tuteur ordonna à un de fes fatellites de l'égorger: enfuite il fit courir le bruit qu'il était mort entre les mains du Médecin chargé de l'opérer. Les Peuples tremblans n'osèrent percer cette manœuvre horrible; alors le Tyran affuré par cette inertie générale de l'impunité de fes crimes, leva tout-à-fait le mafque, & fe couronna lui-même Roi de Syrie à Antioche.

Tryphon, né à Apamée de parens obfcurs & dont on conteftait même la libre origine, fit long-temps le métier de Pirate, avant d'exercer celui de Tyran.

C'eſt dans la vie errante & ſauvage qu'il mena d'abord ſur les mers, qu'il contracta ce caractère féroce qu'il porta dans la ſuite ſur le trône de Syrie. Sentant qu'il avait beſoin d'appui contre la haine générale qu'il inſpirait, il chercha la protection de Rome, & lui envoya à cet effet une victoire d'or du poids de dix mille piéces du même métal. La République accepta le préſent ; mais elle fit mettre ſur le piédeſtal le nom du jeune Antiochus qui venait d'être aſſaſſiné, ne voulant pas ſouiller le Temple où cette offrande était dépoſée, du nom d'un Tyran qui ne devait qu'à la lâcheté de ſes Peuples l'impunité de ſes brigandages.

Les auſpices ſiniſtres ſous leſquels l'avènement de Tryphon s'était annoncé, ne ſe démentirent pas dans le cours de ſon règne. L'armée de ce Tyran venait de remporter un grand avantage ſur les troupes de Sarpédon, un des Généraux de Nicator. Après l'action, elle alla camper ſur le bord de la mer ; tout-à-coup un tremblement de terre, de la nature de ceux qui ont renversé de nos jours Messine & Lima, souleva les vagues & les porta sur le camp Syrien, dont elles noyèrent la plus grande partie des soldats. Les eaux, en se retirant, laissèrent les cadavres de ces infortunés sur le rivage, avec une foule de poissons qui s'abreuvaient de leur sang. Comme la férocité fut en tout temps l'élément de la guerre, Sarpédon, instruit de ce désastre, vint en repaître ses regards ; il enleva le poisson qui se jettait au milieu des cadavres, & osa en faire un sacrifice à Neptune, comme s'il eût érigé un trophée pour une victoire.

Nicator, de son côté, n'était pas plus heureux que Tryphon dans ses entreprises. Apprenant que les Parthes, après avoir subjugué la Médie, l'Hircanie & la Bactriane, menaçaient la Mésopotamie, il passa l'Euphrate & vint oppposer une barrière à leurs conquêtes. Mithridate, qui occupait alors le trône des Arsacides, fit propofer à ce Prince une entrevue, pour régler, fans répandre de fang, les limites des deux Empires. Nicator, qui ne fe doutaït pas du piége qu'on lui tendait, fe rendit, prefque fans Gardes, au lieu de la conférence ; mais quand il fut hors de la vue des fiens, le Parthe perfide le fit enlever & lui donna des chaînes. Ce crime entraîna la déroute de l'armée Syrienne, qui, fe trouvant fans Chef, ne put mettre ni intelligence ni nerf dans fa réfiftance. Le Vainqueur, après ce triomphe abominable, étendit fans péril fes conquêtes, d'un côté jufqu'au Gange, & de l'autre jufqu'à l'extrémité de la Méfopotamie.

Mithridate, après avoir traîné dans l'Afie fon Roi captif, pour effrayer les Peuples qu'il voulait foumettre, revenu à des fentimens plus doux, lui ôta fes fers, lui affigna l'Hyrcanie pour fa réfidence, & finit par lui donner fa fille Rodogune en mariage. Mais Nicator, toujours cenfé prifonnier de guerre, n'en fut pas moins gardé à vue ; & ce ne fut que dix ans après, que Phraate, fucceffeur de Mithridate, lui permit de remonter fur le trône des Séleucides.

Cependant Cléopâtre, l'ancienne époufe de Nicator, apprenant que tous fes nœuds avec ce Prince étaient rompus par fon mariage avec Rodogune, outrée de cette infidélité, que ni l'amour ni l'ambition ne juftifiaient fans doute, donna fa main & fes droits à la couronne de Syrie, à un frère de Nicator, nommé Antiochus Sidète (a), qui, élevé à Cnide pendant la tyrannie paffagère de Bala, errait depuis un grand nombre d'années en Afie, épiant l'inftant d'une révolution. Cet Antiochus, le feptième des Séleucides qui portait ce nom refpecté, fe vit à peine l'époux de Cléo-

---

(a) *Sidète*, en Phénicien, fignifie *qui aime la chaffe.*—Ce nom a prévalu fur celui de *Soter* (Sauveur), que le Prince prit après la mort de Tryphon. Car l'hiftoire eft toujours plus jufte que les médailles.

pâtre, que, graces à la haine qu'inspirait la tyrannie de Tryphon, il se trouva à la tête d'une armée de cent vingt mille hommes de pied & de huit mille chevaux. Son ennemi effrayé, se sauva dans Apamée, qui fut bientôt prise d'assaut : le vainqueur à l'instant assiégea la citadelle ; & Tryphon, sur le point de tomber vivant entre les mains de son rival, se déroba au supplice, en se précipitant dans un bûcher qu'il venait de faire allumer. Sa tyrannie avait duré cinq ans, depuis l'assassinat du fils de Bala, & trois, depuis la captivité de Nicator chez le Roi des Parthes Mithridate.

Sidète, affermi sur le trône de la Syrie, que personne ne lui disputait, songea à recouvrer la Palestine, que des Pontifes Vice-Rois avaient enfin rendue indépendante. Son armée, partagée en sept corps, vint faire le siège de Jérusalem ; & tandis que des Ingénieurs Syriens tiraient des lignes doubles autour de la place, pour intercepter toute communication, cent tours à trois étages, élevées du côté du nord, battaient nuit & jour les murailles. Tout cet appareil terrible fut perdu pour Sidète. Ce Prince voyant que la conſtance des Juifs était à l'épreuve de la faim & de toutes les horreurs de la guerre, traita avec le Souverain Pontife Jean. Il exigea que les habitans lui remettraient leurs armes, que la Nation lui payerait cinq cents talens, & qu'elle tranſporterait à la Syrie les tributs que Joppé & d'autres villes payaient à la capitale de la Paleſtine. Ces conditions acceptées & les otages reçus, le ſiège de Jéruſalem fut levé.

Sidète, après cette expédition, entreprit une guerre contre les Parthes. Son plan était de délivrer ſon frère de captivité, & de recouvrer les provinces de l'Orient que Mithridate avait démembrées de l'Empire des Séleucides. Ce Prince, il faut l'avouer, aimait la gloire, avait quelques étincelles de cet entouſiaſme généreux qui fait entreprendre les grandes choſes & qui les fait exécuter; peut-être ne lui manqua-t-il que de régner dans des temps plus heureux, pour faire revivre le Héros qui fonda fa maifon ; malheureufement fa Nation était dépravée, un luxe corrupteur en avait détruit tout le reffort. Il voulut payer un tribut à la faibleffe de fon fiècle, & marcher avec des foldats couverts d'or contre des guerriers vêtus de fer ; & il fe perdit, lui, fon peuple, & fa Monarchie.

L'Hiftoire nous a confervé quelques détails fur les préparatifs de Sidète, & fur le peu de difcipline de fes troupes. L'armée Syrienne était compofée de quatre-vingt mille combattans, qui traînaient à leur fuite deux cents mille bouches inutiles pour les fervir ou pour les amufer. Parmi ces bouches inutiles, on comptait une foule de Muficiens, d'Acteurs de Théatre, & de Courtifanes. Tous les jours on donnait des Spectacles dans le camp ; & le Souverain de la Syrie avait plus l'air de Bachus qui triomphe, que d'un Héros qui fait des conquêtes.

Malgré tant de motifs pour échouer dans son expédition, Sidète fut si bien servi, soit par son génie belliqueux, soit par les Peuples de l'Orient, qui avaient en horreur la domination des Parthes, qu'il battit trois fois son ennemi, le repoussa jusques dans sa capitale, & le réduisit aux anciennes limites de sa Monarchie.

L'hyver fut l'écueil de la gloire de Sidète. Ce Prince avait eu l'imprudence de disperser ses troupes de côté & d'autre dans le pays conquis, & d'écraser de contributions des peuples indociles au joug, pour fournir au luxe de sa table & de ses spectacles. Les murmures éclatèrent de toutes parts & vinrent jusqu'aux oreilles de Phraate, qui, à cette époque, régnait sur les Parthes. De concert avec les Gouverneurs des provinces opprimées, le Roi barbare signa un édit de proscription contre tous les Syriens répandus dans ses anciens Etats, édit qui ne transpira qu'au moment où il fut scellé du sang des victimes. Au jour marqué, les Parthes fon-

dirent de toutes parts fur leurs tyrans &
les égorgèrent tous, ou les firent prifonniers. On n'en laiffa échapper qu'un petit
nombre, qui alla effrayer du récit de ce
maffacre Séleucie & Antioche. Sidète périt
un des premiers. Quand on apporta fa
tête à Phraate, *Te voilà,* dit-il, *homme
de fang, qui voulais dévorer l'Afie entière!
La Syrie ne fuffifait donc pas à ton fafte
infenfé? Tu voulais anéantir les Parthes,
& les Parthes t'ont puni.* Sidète avait régné
neuf ans, quand il trouva la mort aux
champs où il cherchait la gloire.

Ce Prince fut regretté de la Syrie qui,
depuis long-temps, était en proie à des
tigres ou à des automates : il aimait la
vérité, & la cherchait quelquefois dans une
claffe d'hommes que les Rois, par dédain,
craignent d'approcher. Le bon Plutarque
cite de lui, dans fes œuvres morales,
une anecdote faite pour toucher un lecteur
fenfible & philofophe. Sidète, égaré un
jour à la pourfuite d'une bête fauve, fe
trouva, à l'entrée de la nuit, dans une

forêt, dont il ne connaissait point les issues, & demanda, sans se faire connaître, l'hospitalité à des bucherons. Au milieu du repas spartiate qu'on lui servit, il demanda à ses hôtes ce qu'ils pensaient de leur Souverain : *nous l'aimons tous, dirent ces hommes simples & vrais, parce qu'il est meilleur que tout ce qui l'entoure ; nous regrettons seulement que sa passion pour la chasse lui fasse négliger quelquefois les soins du Gouvernement.* Sidète ne répondit rien ; mais, le lendemain, de retour dans son palais, il raconta à ses courtisans son aventure. *Je suis bien malheureux, leur dit-il : cette vérité que je demande sans cesse à des hommes que j'ai comblés de mes bienfaits, je ne l'ai trouvée que d'hier dans la bouche de vils Bucherons.*

Avant le massacre de l'armée Syrienne, Phraate, qui voulait forcer Sidète, par la crainte d'une guerre civile, à retourner en Syrie, avait rendu la liberté à Nicator, à condition qu'il irait se faire couronner de nouveau à Antioche. Le fatal édit de

profcription , donné dans l'intervalle ,
ayant fait prendre une nouvelle face aux
affaires , Phraate détacha un corps de
cavalerie pour ramener Nicator ; mais
le Prince Syrien avait fait tant de dili-
gence , qu'il était arrivé à Séleucie avant
que les Parthes fuffent fur les bords de
l'Euphrate. Nicator apprit dans cette Ville
la mort de fon frère & le défaftre de fon
armée ; & , pour rompre à jamais avec
le perfide Phraate, abandonnant Rodogune à fa deftinée , il reprit Cléopâtre,
fa première femme , qui avait déjà époufé
trois Rois de Syrie , & qui n'aimant aucun
de fes maris , fe donnait indifféremment
à tous ceux qui demandaient fa main ,
pourvu qu'ils occupaffent le trône des
Séleucides.

Les quatre années qui s'écoulèrent entre
le rétabliffement de Nicator & fa fin tragique, ne renferment guère que l'hiftoire
peu mémorable de fes démêlés avec
l'Egypte. L'époufe de l'abominable Phyfcon , qui fe trouvait la belle-mère du

Séleucide, avait appellé ce Prince à Alexandrie, lui promettant la couronne des Ptolemées, s'il voulait tenter la conquête de leur Monarchie. Nicator se présenta en effet devant Peluse pour en faire le siège ; mais, dans l'intervalle, ses propres sujets s'étant révoltés, il fut obligé de renoncer au trône étranger qu'on lui offrait en perspective, pour aller défendre ses Etats héréditaires. C'est alors que la Reine d'Egypte, se voyant sans ressources, s'embarqua avec tous ses trésors, & vint se réfugier auprès de sa fille à Antioche.

Cependant Physcon outré de l'invasion des Syriens, se vengea en suscitant à Nicator un compétiteur au trône des Séleucides : comme il voulait humilier son ennemi autant que l'abattre, il chercha ce compétiteur au sein de la poussière. Il y avait dans Alexandrie un intriguant nommée Alexandre Zebina, qui, pour faire le commerce dont il vivait, avait parcouru toute l'Asie, & avait rapporté de ses voyages un peu de connaissances

& beaucoup de forfanterie. Le Ptolemée l'engagea à se dire fils adoptif de Bala, & à prétendre, en cette qualité, au trône de Syrie. L'imposteur parut en effet, à la tête d'une armée Egyptienne, devant Antioche; & les habitans, chez qui l'esprit de révolte fermentait encore, lui ouvrirent leurs portes, peu inquiets quel Roi on leur donnait, pourvu que Nicator fût détrôné.

Nicator n'était pas plus aimé de ses soldats que des citoyens de sa Capitale. Son armée s'étant trouvée en présence de celle de Zébina, devant Damas, elle plia dès le premier choc, & l'abandonna à la merci du vainqueur. Cependant la rapidité du cheval du Prince le tira de la mêlée, & il se sauva à Ptolémaïde, où Cléopâtre, son épouse, tenait sa cour. Nicator trahi par ses peuples, par son armée, se flattait du moins de trouver sa femme sensible à ses malheurs : il connaissait peu le cœur humain. Cléopâtre qui, quand le Séleucide recouvra sa couronne, avait oublié son mariage avec Rodogune, s'en ressouvint, quand elle le vit poursuivi par la haine publique; & lui fit fermer les portes de Ptolémaïde. L'infortuné porta ses pas fugitifs jusqu'à Tyr, espérant du moins trouver un asyle dans le Temple de Castor; mais ses ennemis, avant qu'il eût atteint l'édifice sacré, se saisirent de sa personne, lui firent son procès comme à un criminel d'Etat, & l'envoyèrent au supplice.

Nicator avait régné vingt ans, soit seul, soit avec les Princes qui démembrèrent son Empire; encore, dans cet intervalle, faut-il compter les dix ans qu'il fut retenu en captivité chez les Parthes. Sa mort tombe à l'an 1456, de l'ère de Paros, qui concourt avec la troisième de la cent soixante-troisième olympiade.

RÉVOLUTIONS

DE L'EMPIRE

DES SÉLEUCIDES,

Depuis l'avènement de Zébina, jusqu'au règne de Tigrane. (a).

Plus nous approchons de l'époque de la conquête de la Syrie par les Romains, plus les révolutions de son trône se multiplient. Les imposteurs prennent des noms de fils de Roi & règnent : les vrais Séleucides démembrent leur Monarchie, s'égorgent entre eux & appellent par leurs querelles l'ennemi de l'Etat dans leurs Capitales. Pendant ces diffentions intef-

---

(*a*) *Diod. Sicul.* in Excerpt. Valef. *Juftin.* lib. 38, 39 & 40 ; *Jofeph.* Antiq. Judaïc. lib. 12 & 13, & de Bell. Judaïc. lib. 1, *Appian.* in Syriac. *Athen.* Deipnofoph. lib. 5 & 12, *Eufeb.* in Chronic.

tines, le sang des peuples coule sans fruit pour la patrie ; &, comme, dans ce chaos d'horreurs, on ne voit briller aucun de ces traits de grandeur d'ame qui annoncent l'excellence de la nature humaine, le tableau des révolutions Syriennes, à cette période, se trouvant de l'uniformité la plus dégoûtante, un Tacite même ne ferait qu'en effleurer l'histoire.

ALEXANDRE II, devenu Roi de Syrie, conserva (ce qui est assez étrange) son nom de ZÉBINA, qui signifie, dans les langues orientales, un homme acheté à prix d'argent. A peine s'était-il fait couronner, qu'on vit arriver à Antioche le corps du malheureux Sidète que Phraate y renvoyait dans un cercueil d'argent. Le Roi des Parthes, qui pouvait être généreux après le succès de son crime, s'empressait alors à honorer la mémoire du Monarque qu'il avait fait assassiner. Zébina reçut ce cercueil avec une sorte de vénération ; il mêla ses larmes avec celles des Syriens, & en regrettant ainsi, avec sincérité un grand homme, il parut un moment digne de le remplacer.

Cependant l'altière Cléopâtre s'était fait un appanage à une extrêmité de la Syrie, où elle exerçait le pouvoir souverain dans toute son étendue, & Zébina la laissait en paix. Séleucus, fils aîné de Nicator, Prince âgé de vingt ans, voulut recouvrer l'héritage de ses pères, & le posséder sans démembrement. Cléopâtre, instruite de ses desseins, & foulant aux pieds la nature pour assouvir sa rage de régner, prévint la révolution en faisant assassiner le Séleucide.

Le voile qui couvrait cet attentat fut bientôt déchiré; alors la Reine, en butte à l'indignation publique, pour prouver qu'elle n'avait point exclu ses enfans de la couronne, fit reconnaître pour Souverain, dans les Villes de sa domination, Antiochus, son second fils, qui était alors à Athênes entre les mains des Philosophes. Physcon, qui, à la même époque, eut à se plaindre de l'ingratitude de Zébina, appuyant le choix de Cléopâtre, donna au jeune Antiochus sa fille Tryphène en mariage. Cet évènement décida la guerre civile.

Zébina, qui méritait de n'être point un usurpateur, montra quelque grandeur d'ame dans ses premières opérations militaires. Deux Officiers de son armée l'ayant trahi, il alla faire le siège de Laodicée, dont ils s'étaient emparés, reprit la Ville; &, au lieu de faire mourir les deux coupables, il leur pardonna, ainsi qu'à leurs complices. Ce trait de clémence n'excita que l'intérêt du moment dans les cœurs dégradés des Syriens. Antiochus corrompit presque tous les Généraux de son armée, & l'infortuné fut obligé de se renfermer dans les remparts d'Antioche. Là, trouvant le trésor royal vuide, il eut la maladresse, pour payer la solde du petit nombre de soldats qui s'étaient attachés à sa fortune, de faire fondre publiquement une statue de la victoire, d'or massif, qui était dans un Temple de Jupiter, difant, avec une forte d'ironie, aux Prêtres, que le plus grand des Dieux lui prêtait la victoire. L'argent provenu de ce facrilège épuifé, Zébina donna ordre d'enlever la ftatue de Jupiter elle-même : alors le peuple fe fouleva, & le contraignit de quitter Antioche. Après avoir erré quelque temps autour de fa Capitale, ce malheureux Prince fut pris & mené à fon rival qui le fit mourir. Une autre tradition veut qu'il s'empoifonna lui-même, avant qu'Antiochus eût figné l'arrêt de fa mort. Zébina, ainfi que Bala, dont il fe difait le fils, n'avait occupé que quatre ans le trône des Séleucides.

Antiochus VIII ou Grypos (au nez aquilin), avait environ dix-neuf ans quand il fuccéda à Zébina : comme il voulut régner par lui-même, il fe brouilla bientôt avec Cléopâtre qui lui oppofa un rival dans la perfonne d'un autre Antiochus, un des enfans qu'elle avait eus de Sidète. Ce dernier attentat amena fa mort tragique, mais avec des circonstances un peu différentes du dénouement célèbre de notre pièce de Rodogune.

Cléopâtre, suivant Justin, déterminée à faire mourir Grypos comme elle avait fait mourir Séleucus, prépara elle-même une coupe de poison ; & un jour que Grypos revenait très-échauffé d'une partie de chasse, elle lui présenta le breuvage : il est probable que le trouble de cette furie se peignit dans ses regards, car le Prince, se doutant de son projet abominable, lui ordonna d'avaler elle-même la coupe fatale. Il s'éleva alors une violente querelle pour savoir si la mère empoisonnerait le fils, ou si le fils empoisonnerait la mère ; mais le Roi, qui, sans doute, était entouré de ses Gardes, la termina, en déclarant à Cléopâtre que, si elle n'obéissait pas, il lui ferait subir le plus affreux supplice. Cette menace fit son effet : la Reine mère avala le breuvage, & mourut quelques minutes après, dévouant son fils à la vengeance céleste,

qu'il ne méritait que trop par son par-
ricide.

La mort de Cléopâtre laissa la Syrie
tranquille pendant huit années. Au bout
de ce temps, Grypos se souvint que
l'Antiochus, fils de Sidète, qu'on lui
avait opposé quelques momens, était en
âge de faire valoir les droits de sa naif-
sance, & il se détermina à le faire em-
poisonner. Le complot fut découvert:
alors le jeune Prince, placé entre le trône
& la mort, choisit de régner; &, à
l'aide de quelques troupes Egyptiennes
qu'une Princesse répudiée par Lathyre,
lui envoya en l'épousant, il commença
la guerre civile.

La première campagne fut heureuse
pour Grypos; il défit son rival, & fit sa
femme prisonnière. Tryphène, l'épouse
du vainqueur, outrée de ce que sa propre
sœur avait voulu la détrôner, la fit
condamner à mort par un Conseil de
guerre; &, comme l'infortunée s'était
réfugiée dans un Temple d'Antioche,

elle ordonna aux miniſtres de ſes ven-
geances de l'y aller égorger. L'ordre fut
exécuté avec une attrocité qui jetta encore
plus d'intérêt ſur les derniers momens de
la victime. Comme elle tenait la ſtatue
du Dieu fortement embraſſée, on lui
coupa les bras pour l'arracher de ſon aſyle.
Ses cris attirèrent le peuple, & les barbares qui craignaient encore qu'elle ne
leur échappât, lui enfoncèrent le poignard
dans le ſein, & la laiſsèrent expirante ſur
les marches de l'autel.

Un pareil ſacrilège ne reſta pas impuni.
Les Syriens irrités ſe rangèrent du parti
d'Antiochus qui tailla en pièces, à ſon
tour, l'armée de Grypos, & l'obligea à ſe
ſauver dans Aſpende, ville de la Pamphylie.
Tryphène fut priſe dans la déroute, & le
vainqueur l'envoya au ſupplice.

ANTIOCHUS IX ou le CYZICÉNIEN,
ainſi nommé, parce qu'il avait été élevé
à Cyzique, ne conſerva pas long-temps
ſes avantages contre ſon frère. Une nouvelle bataille, où le dernier fut vainqueur,

rendit tout égal entre les deux concurrens : alors, pour épargner le fang, on partagea l'Empire, Le Cyzicénien conferva la Phénicie & la Paleftine, & fit fa réfidence à Damas : le refte de la Syrie échut à Grypos, & il demeura à Antioche.

Ce démembrement acheva de détruire la Monarchie des Séleucides par fa bafe, & les peuples furent plus faibles fans en être plus heureux. Les deux Souverains, également ineptes aux foins du Gouvernement, s'endormirent au fein des voluptés, & crurent que l'Etat était fortuné, parce que la paix était dans leur férail.

Pendant ce fommeil de la politique & des loix, les Juifs, toujours inquiets & remuans, étendaient leurs domaines aux dépens de la Syrie. La conquête la plus importante qu'ils firent à cette époque, eft celle de Samarie. Après un an de fiège, ils prirent d'affaut cette Ville rivale, la détruifirent jufqu'aux fondemens, & firent paffer un fleuve fur fes ruines, afin d'effacer jusqu'aux vestiges de ses édifices.

Des peuples mêmes de la Monarchie des Séleucides, profitèrent de l'inertie des deux Antiochus pour acquérir le privilège de se gouverner suivant leurs propres loix. C'est ce que les Grecs appellaient l'autonomie. Séleucie, sur l'Oronte, fit, à cet égard, la loi à son Souverain (*a*); & Tyr lui en avait donné l'exemple dix-sept ans auparavant, comme on le voit attesté par une ancienne médaille (*b*).

Les deux Antiochus, au lieu de se liguer ensemble pour faire rentrer sous leur joug les Villes qui l'avaient secoué, se tendirent des pièges entre eux pour s'assassiner. Le plus adroit fut le Cyzicénien. Grypos, victime de sa perfidie, fut égorgé par un scélérat nommé Héracléon, après un règne de vingt-cinq ans,

---

(*a*) *Chronic. Alex.* anno 4, Olymp. 167.

(*b*) *Norif.* de Epoch. Syro-Macedon. page 267.

qui ne fut mémorable que par ſes crimes.
Il avait épouſé, quatre ans auparavant,
Sélène, ſœur de cette abominable Tryphène, dont nous avons vu la cruauté
& la fin tragique, & il en eut cinq fils
qui régnèrent tous, ſi cependant, dans
l'anarchie horrible où les Villes vivaient,
il y avait encore de vrais Souverains dans
l'Empire des Séleucides.

Séleucus V ou Épiphane, l'aîné des
enfans de Grypos, hérita de ſa couronne
& de ſa haine contre le Cyzicénien. Enfin,
après trois ans de guerre civile, le dernier
ſuccomba, & vaincu dans une grande
bataille, ſe perça de ſon épée pour ſe
dérober à l'opprobre d'être conduit au
ſupplice. C'eſt à l'occaſion de cette mort
tragique d'Antiochus, que ſon neveu
oſa prendre le nom d'*illuſtre* ; car telle
eſt l'étymologie du mot *Epiphane*.

Antiochus X ou Eusebe, fils du Cyzi-
cénien, vengea à ſon tour ſon père. Ce
Prince, après s'être fait couronner dans
Arad, marcha contre Séleucus, le battit,

& l'obligea de se renfermer dans Mopsuefte, ville de Cilicie. Il semblait naturel
qu'un Monarque fugitif, qui demandait
un asyle à une Nation à demi-indépen-
dante, cherchât à échauffer son zèle par
son affabilité. Au lieu d'adopter une politique si sage, Séleucus déploya toute la
férocité de la tyrannie : il osa sur-tout
écraser d'impôts une Ville pauvre & fière,
& qui s'honorait à la fois de son indigence
& de sa fierté. Quand l'oppression fut à
son comble, les habitans se révoltèrent,
mirent le feu au palais de leur tyran,
& l'y brûlèrent avec toute sa cour.

ANTIOCHUS XI & PHILIPPE, deux
jumeaux, frères de Séleucus, prirent la
pourpre de concert, & s'armèrent pour
le venger. Mopsuefte, après un long siège,
fut prise d'assaut, rasée jusqu'aux fondemens, & tous les habitans qui n'étaient
pas morts sur la brèche, passés au fil de
l'épée : mais, au retour de cette expédition, Eusèbe surprit les vainqueurs, &
tailla leur armée en pièces. Antiochus

voulut mettre l'Oronte entre lui & l'ennemi qui le pourſuivait, & ſe noya avec ſon cheval, en paſſant ce fleuve à la nage.

Pour Philippe, après avoir fait une retraite brillante, il revint ſur ſes pas, & défit à ſon tour Euſèbe, qui, ne ſe croyant pas en ſûreté dans les Provinces où il régnait, alla demander un aſyle aux Parthes, & fut pluſieurs années avant de recouvrer ſa couronne.

DÉMÉTRIUS III ou EUCHER, en qualité de frère de Philippe, ſemblait devoir laiſſer reſpirer la Syrie, dévorée depuis tant d'années par le feu des guerres civiles; mais la ſoif de régner ſeul fait d'ordinaire, dans les Etats abſolus, abjurer la nature. Eucher marcha contre ſon frère, le chaſſa d'Antioche, & l'alla aſſiéger dans Berée. Heureuſement pour la morale du genre humain, ſa coupable ambition ne fut pas entièrement aſſouvie. Au moment où il ſe flattait de réunir ſur ſa tête les deux couronnes, les Parthes vinrent le ſurprendre, le firent priſonnier, & l'amenèrent, chargé de fers, à la cour de leur Roi, où il mourut de chagrin & de défefpoir.

ANTIOCHUS XII ou DENYS, dernier des enfans de Grypos, inftruit de la captivité d'Eucher, fe hâta de s'emparer de Damas, & de fe faire proclamer Roi de la Céléfyrie.

Pendant ce temps-là, Eusèbe, relâché par les Parthes, venait, l'épée à la main, réclamer fon héritage, & Philippe, forti triomphant de Berée, recouvrait Antioche : ainfi la Syrie, à cette époque, avait trois Rois tous conjurés l'un contre l'autre, tous ennemis de leurs peuples, tous marchant à leur ruine & à celle de leur Empire. Denys, le plus belliqueux de tous, eut l'imprudence de fortir de fes Etats pour faire une incurfion dans l'Arabie Pétrée : Philippe profita de fon abfence pour s'emparer de Damas, & Eusèbe de l'éloignement de Philippe pour s'étendre du côté d'Antioche. De fon côté, Arétas, Prince des Arabes, ayant attiré

Denys dans des déserts dont lui seul connaissait les issues, tailla en pièces son
armée. Les Syriens qui échappèrent à
l'épée du vainqueur, périrent par la faim :
pour le Séleucide, après avoir fait des
prodiges de valeur, il mourut avec gloire
sur le champ de bataille.

Arétas, pour ne point perdre le fruit
de sa victoire, se présenta devant Damas,
qui lui ouvrit ses portes, & le reconnut
Roi de la Célésyrie.

Tant de désastres que les Syriens avaient
soufferts pendant un peu plus de soixante
ans qui s'étaient écoulés entre l'usurpation
de Bala & la défaite de Denys par Arétas,
leur ouvrirent enfin les yeux sur le vice
radical de leur Gouvernement. N'ayant
rien à attendre de Philippe & d'Eusèbe,
qui ne sortaient de leur sérail que pour
commander des assassinats, ils résolurent
de proscrire la Maison Royale des Séleucides, & de se donner à un Prince étranger, qui aurait assez de modération pour
ne point se faire despote, & assez de

puiſſance dans ſes Etats héréditaires pour
les protéger contre des conquérans. A
ces titres, Tigrane, Roi d'Arménie, reçut
une ambaſſade ſolemnelle de la part des
Syriens, pour venir prendre poſſeſſion de
leur Monarchie. Cet évènement mémorable, dont l'hiſtoire aime bien mieux
fixer l'époque que celle des règnes, à la
fois féroces & obſcurs, des derniers
Séleucides, tombe à l'an 1499, de l'ère
de Paros, qui répond à la deuxième de
la cent ſoixante-quatorzième olympiade.

RÈGNE DE TIGRANE.

GUERRE AVEC LES ROMAINS. VICTOIRES DE LUCULLUS ET DE POMPÉE. DESTRUCTION DE L'EMPIRE DES SÉLEUCIDES (a).

QUAND le fragile roseau de la Syrie demanda un appui étranger pour soutenir sa tête, il n'y avait autour d'elle que trois Puissances qui pussent prétendre à son choix, le Pont, Rome & l'Arménie : mais le Pont n'avait de force que par le génie de son Roi Mithridate, & Rome

―――――――――――

(*a*) *Justin.* lib. 38 & 40, *Sallust.* Fragment. Histor. *Appian.* in Mithrid. & in Syriac. *Dio. Cass.* lib. 35, 36 & 37, *Florus.* lib. 3, *Eutrop.* lib. 6, *Oros.* lib. 6, *Strab.* Geogr. lib. 11, 12 & 16, *Joseph.* Antiq. Judaïc. lib. 13 & 14, *Athen.* Deipnosoph. lib. 6 & 12, *Plin.* Histor. Natur. lib. 37, & *Plutarch.* in Lucull. in Pompey. & in Apophtegm.

ne protégeait les Royaumes que pour les asservir : ainsi une politique sage & réfléchie devait les rejetter.

Pour l'Arménie, elle était forte soit par elle-même, soit par le Monarque qui occupait son trône. Ce même Tigrane qu'Antioche voulait couronner, avait chassé les Parthes des frontières de ses Etats héréditaires, & profitant de la terreur que son nom inspirait dans l'Orient, avait conquis successivement la Chaldée, l'Abdiène, l'Atropatène & la Méfopotamie. L'Arménie, grace à ses conquêtes, était devenue la plus formidable Puissance de l'Asie, quand on songea à la réunir à l'Empire des Séleucides.

Malheureusement Tigrane, le plus superbe des hommes, voulut, avec son orgueil plutôt qu'avec son courage, renverser le colosse de la grandeur romaine; &, en succombant, il entraîna dans sa chûte l'Etat qu'il devait protéger : ainsi, par une de ces bisarreries que toute la sagesse humaine ne peut prévoir, le systême de politique qui devait affermir la Monarchie Syrienne par ſa baſe, ne ſervit qu'à en accélérer la cataſtrophe.

Le commencement du règne de Tigrane fut auſſi brillant que ſes nouveaux Sujets pouvaient l'attendre de ſa renommée. Comme Euſèbe & Philippe régnaient encore en Syrie, on s'attendait à une guerre civile : il n'y en eut point. Les deux Princes ſongèrent peu à diſputer un trône dont ils ne ſe ſentaient pas dignes. Le premier ſe ſauva en Cilicie, & y paſſa le reſte de ſes jours dans une obſcurité que le vainqueur dédaigna : pour Philippe, on ne ſait ſi la frayeur lui fit mettre un continent entier entre lui & Tigrane, ou s'il périt en défendant la couronne. Quoi qu'il en ſoit, il diſparut, & ſon nom, de ce moment, n'eſt plus prononcé dans l'hiſtoire.

Il ne reſta de la maiſon royale des Séleucides que Sélène, femme d'Euſèbe, & ſes deux fils, Antiochus l'Aſiatique & Séleucus Cibioſacte. Sélène conſerva d'abord un petit appanage dans la basse Syrie, & Ptolémaïde fut la capitale de sa Souveraineté. Tigrane jugeait sans doute indigne de sa gloire de dépouiller une femme; mais quelques années après, cette Princesse ayant tenté de soulever les autres Villes de la Syrie, pour étendre sa domination, le Héros de l'Arménie l'assiégea dans Ptolémaïde, la fit prisonnière, & ordonna qu'on la mît à mort.

L'ainé des fils de Sélène, Antiochus l'Asiatique, ne crut pas que le supplice de sa mère dût anéantir ses droits au trône des Séleucides : il profita des querelles de Tigrane avec les Romains pour se dire Roi; mais ce fut avec si peu d'éclat & de pouvoir, que, quoiqu'il jouît de ce titre pendant quatre ans, ni Tigrane, ni Lucullus, son vainqueur, ne s'en apperçûrent. Ce fantôme de Roi, qui se faisait appeller Antiochus XIII, a cependant une existence dans les monnaies de Syrie & dans ses médailles.

Cependant Tigrane, en acceptant la

feconde couronne qu'on lui déférait, ne s'était point empreffé de fe préfenter aux peuples de fa nouvelle domination. Il avait nommé Mégadate Viceroi de la Syrie, & s'était occupé à bâtir en Arménie une Ville fuperbe, à laquelle il avait donné fon nom, & qui, par la force de fes murailles & la magnificence de fes édifices, devait effacer Suze, Ecbatane & Babylone. Cette fondation de Tigranocerte fut le germe de la deftruction de la Monarchie des Séleucides.

Mithridate, Roi de Pont & beau-père de Tigrane, avait juré, comme Annibal, une haine immortelle au nom Romain. Dans le projet qu'il avait de porter la guerre au fein de l'Italie, il avait befoin d'une ligue offenfive & défenfive avec Tigrane; & le voyant irréfolu, il tendit un piège à fon orgueil. Comme le Roi d'Arménie était embaraffé à peupler Ti-granocerte, il lui propofa de conquérir la Cappadoce, pour en tranfporter les habi-tans dans fa nouvelle Métropole. Tigrane

qui, peu inquiet fur l'avenir, ne calcu-
lait que le triomphe du moment, de
concert avec le Roi de Pont, fubjugua
en effet la Cappadoce, ainfi que la Cilicie,
dont les Romains venaient de fe rendre
maîtres, s'empara de douze villes Grecques
qui vivaient indépendantes le long des
côtes de l'Afie Mineure, & emmena de
fon expédition trois cents mille hommes,
avec lefquels il peupla foit Tigranocerte,
foit les déferts de fon Arménie.

Mithridate fut la première victime de
fon ftratagême perfide. Lucullus vint à la
tête des légions Romaines lui demander
raifon de la conquête de la Cilicie & de
la Cappadoce. Il battit ce Prince, s'empara de fes Métropoles, & l'obligea à
chercher un afyle au fond de l'Arménie.
Tigrane commençait à fentir qu'il avait eu
tort de rompre avec Rome, avant d'être fûr
de lui donner la loi. Il ne voulut pas voir le
Héros fugitif, & le fit enfermer comme un
prifonnier d'Etat, dans un lieu mal fain, où
il le laiffa près de dix-huit mois. Cependant

à la fin, à force de s'entendre dire par les émiſſaires du Roi captif qu'il était invincible, il commença à le croire, & conſentit à être, contre Rome & contre l'Univers entier, le défenſeur de Mithridate.

Une ambaſſade altière d'Appius acheva d'aigrir ce Prince. Il était accoutumé depuis long-temps à reſpirer l'encens de l'adulation, à voir ſes ſujets mettre un intervalle immenſe entre lui & l'homme : il avait forcé, ainſi que Séſoſtris, quatre Rois de l'Orient à le ſervir dans l'attitude des eſclaves ; & perſuadé, comme il était, que rien ne le diſtinguait des Immortels, il aurait regardé comme un outrage qu'on lui eût déféré les honneurs de l'apothéoſe.

C'eſt dans ces circonſtances qu'Appius, qui, en qualité de Romain, ne mettait aucune différence entre lui & un Roi, vint, ſans aucun préliminaire, demander à Tigrane qu'il lui livrât Mithridate, en le menaçant, en cas de refus, de lui déclarer la guerre au nom de ſa République. Perſonne depuis vingt-cinq ans n'avait oſé parler avec tant de liberté au Roi d'Arménie ; auſſi ſon orgueil fut vivement bleſſé, & s'élevant au niveau de la grandeur Romaine, il déclara que ce n'était que l'épée à la main qu'il répondrait à la puiſ-ſance qui oſait lui propoſer une perfidie.

Cependant Lucullus s'avançait avec une armée victorieuſe de l'Aſie. Tigrane, toujours obſédé par ſes flatteurs, ne put s'imaginer qu'on eût la témérité de venir le défier dans ſes Etats, & le premier Arménien qui lui en fit part fut la vic-time de ſon zèle. Le Deſpote inſolent lui fit trancher la tête.

Quand les Romains furent ſur les fron-tières de l'Arménie, à la vue du ravage & de la déſolation des campagnes, il fallut bien croire à l'approche des Con-quérans ; alors Tigrane envoya Mithro-barzane à la tête de trois mille chevaux, avec ordre de lui envoyer Lucullus chargé de chaînes, comme s'il s'agiſſait d'un ſimple criminel d'Etat que ſon Souve-rain fait arrêter. Le Satrape, qui aurait payé de sa tête le refus d'obéir, vint attaquer l'armée Romaine & périt dès le premier choc avec ses trois mille hommes.

Tigrane commença à sentir qu'un Roi qui se fait Dieu n'est pas même un homme. Effrayé de la défaite de Mithrobarzane, il s'enfuit en désordre vers les gorges du mont Taurus, se laissa battre dans un défilé, & apprit que Lucullus, dont rien ne pouvait arrêter la marche rapide, faisait le siège de Tigranocerte.

Le péril de sa capitale rendit sa politique un peu plus clairvoyante; il fit partir sur le champ des Négociateurs vers tous les peuples qui habitent entre le Golfe Persique, le Pont Euxin & la Mer Caspienne, pour leur demander des troupes auxiliaires. Afin de déterminer ceux d'entre eux qui n'étaient braves que dans les guerres de religion, il fit courir le bruit que les Romains n'envahissaient l'Orient, que pour piller les Temples & anéantir tout culte qui n'était pas celui de leur République. Cette espèce de tocsin fit son effet,

& en peu de temps le Roi d'Arménie vit trois cents soixante mille hommes sous ses drapeaux.

Lucullus, qui ne craignait aucun ennemi qu'il pouvait atteindre, tranquille sur l'issue de cette guerre, se joua si fort de toute la prudence humaine, qu'ayant seize mille hommes de troupes réglées, il en laissa six mille au siège de Tigranocerte, & vint, avec un simple corps de dix mille hommes, en défier trois cents soixante mille. Le superbe Tigrane, à la vue de cette poignée de Romains qui défilaient devant son armée, feignit de douter si c'étaient des soldats ou des Ambassadeurs. *Ils sont beaucoup*, dit-il, *s'ils viennent négocier ; mais bien peu s'ils viennent combattre.*

Le jour fixé pour le combat, se trouva par hasard, dans les principes de la superstition Romaine, un jour sinistre, parce que trente-sept ans auparavant un Consul avait été vaincu honteusement par les Cimbres, & l'épidémie de la terreur commençant à gagner tout le camp ; *mes amis, dit Lucullus, il ne tient qu'à vous de changer ce jour de désastre en un jour de fête,* & il donna le signal de la bataille.

Lucullus, avec sa cohorte d'élite, fondit le premier sur la cavalerie Arménienne, qui couvrait le front de l'aîle droite, & y répandit un si grand effroi, que se débandant, même avant le premier choc, elle alla donner dans l'infanterie qu'elle devait défendre, l'ouvrit, & commença la déroute générale. Ainsi la victoire fut assurée aux Romains, avant qu'il y eût une seule goutte de sang répandue. Les vainqueurs poursuivirent, l'espace de cent vingt stades, l'ennemi fugitif, égorgeant sans péril cette multitude désarmée, qui n'osait tourner ses regards en arrière, & ils ne cessèrent le carnage que quand la nuit vint les empêcher de discerner leurs victimes.

On trouva dans le butin la couronne de Tigrane, jugée d'un prix inestimable. Le Monarque qui craignait, en la gardant, d'être reconnu dans sa fuite, l'avait donnée, les larmes aux yeux, à son fils. Le jeune Prince, de son côté, n'osant la mettre sur sa tête, parce que dans les principes du despotisme, c'était un crime digne de mort, l'avait confiée à un esclave, qui fut pris un moment après & amené à Lucullus. Tigrane regretta moins la perte de ses soldats, que celle de sa couronne.

Quelques jours après cette bataille, Mithridate arriva sur les bords du Tygre avec ses troupes auxiliaires. La vue d'une effroyable multitude de soldats nuds & blessés qui erraient dans la plaine, l'instruisit à l'instant du désastre de l'armée Arménienne. Il fit chercher Tigrane dans les lieux les plus inaccessibles, & on le trouva enfin abandonné de tout le monde, & dans un état fait pour exciter la pitié de l'homme le plus barbare. Aussi-tôt que le Roi de Pont l'apperçut, il descendit de cheval, lui donna sa garde; & après avoir mêlé ses larmes aux siennes, il tâcha de relever son courage. Tigrane, qui redevenait homme à mesure qu'il était plus malheureux, fut attendri de ces marques de confiance; & jura que désormais il ne prendrait d'autre guide que le génie de Mithridate.

Cependant Lucullus ne laissait pas sa victoire imparfaite; il prit d'assaut Tigranocerte; & outre le butin immense qu'il y fit, il trouva dans le trésor royal huit mille talens d'argent monnoyé (plus de quarante-trois millions) dont il distribua la plus grande partie à ses soldats. Comme la ville n'était peuplée que des colonies qu'on avait tirées de force de la Cilicie & de la Cappadoce, il permit aux habitans, qui le jugeraient à propos, de retourner dans leur patrie, & le plus grand nombre s'y porta avec empressement : ainsi Tigranocerte, qui passait en Orient pour une seconde Babylone, se vit réduite en peu de jours à la population d'un simple village. Cette permission fatale donnée par Lucullus, fut pour elle le coup de la mort, & elle ne s'en est jamais relevée.

Le Général Romain, vainqueur de Tigrane & de Mithridate, voulut terminer ses exploits par la conquête de l'Empire des Parthes : mais les soldats, déjà amollis par le luxe de l'Asie, refusèrent de le suivre ; & il fut obligé de prostituer la valeur Romaine à combattre encore des ennemis aussi indignes d'elle, que les peuples de la Syrie & de l'Arménie.

Tigrane & Mithridate ne tardèrent pas à réunir leurs forces. Ils n'avaient plus que soixante & dix mille hommes. Mais comme le Roi de Pont les avait exercés à combattre à la manière des Romains, comme ils connaissaient les loix de la discipline militaire, & qu'ils avaient des armes plus propres à la destruction, ces soixante & dix mille soldats étaient intrinsèquement plus forts que les trois cents soixante & dix mille, qui s'étaient laissé battre par Lucullus avant la prise de Tigranocerte. Le plan de Mithridate de contenir ses troupes dans des retranchemens bien fortifiés, & de laiffer périr l'armée Romaine d'inaction & de faim dans un pays ennemi qu'elle ne connaiffait pas, était de la plus haute fageffe ; mais Tigrane déconcerta cette politique profonde par fa pufillanimité. Le génie de Rome femblait maîtrifer les peuples & les forcer par leurs fautes, encore plus que par le génie de leurs vainqueurs, à achever l'efclavage du monde.

Lucullus, qui vit fon armée fe confumer fans combattre, pour forcer l'ennemi à fortir de fes retranchemens, partit pour faire le fiège d'Artaxate, l'ancienne capitale de l'Arménie, où il favait que Tigrane avait laiffé fes femmes, fes enfans, & fes tréfors. Le péril de tout ce que ce Prince avait de plus cher l'émut en effet. Il décampa contre l'avis de Mithridate, & vint au-devant des Romains. Lucullus, à la vue de ces foixante & dix mille foldats qui défilaient dans la plaine, félicita fes dix mille guerriers de ce que leur proie fe jettait d'elle-même dans leurs filets ; il livra la bataille & la gagna. Les deux Rois de Pont & d'Arménie prirent la fuite des premiers, & allèrent cacher leur opprobre dans les remparts d'Artaxate.

Lucullus, après sa victoire, repassa le mont Taurus & vint en Mésopotanie prendre Nisibe, une des plus fortes places de l'orient, qui devint, depuis cette époque, le boulevard des conquêtes Romaines contre les Parthes, pendant plus de quatre cents ans, jusqu'à ce qu'elle fut cédée aux Perses par l'infâme traité de Jovien.

La prise de Nisibe fut le dernier exploit de Lucullus. Peu de temps après, des intrigues Romaines le firent révoquer, & Pompée fut envoyé à sa place pour achever la conquête du Pont, de l'Arménie & de l'Empire des Séleucides.

Pompée, quand il reçut les ordres de sa République, était occupé à une guerre contre les Parthes ; il se passa près de dix-huit mois, avant qu'il pût remplir l'attente de la patrie. Dans l'intervalle, Mithridate défit, en diverses batailles, trois Généraux Romains, qui n'avaient ni son génie, ni son expérience, & une de ces victoires fut si complette, qu'il resta plus de six mille Romains sur le champ de bataille. Les exploits de ce Héros ramenèrent la plus grande partie de ses Etats sous son obéissance, & déjà il entrait dans la Cappadoce pour la ravager, lorsque Pompée vint opposer une digue à ce torrent, qui menaçait d'inonder toute l'Asie. Mithridate, qui jugeait le nouveau Général Romain par la sagesse de ses opérations encore plus que par sa renommée, n'osa tenter contre lui les hasards d'un combat, & se retira en bon ordre dans la haute Asie ; mais Pompée, qui craignait que sa proie ne lui échappât, poursuivit ce Prince avec activité, l'atteignit sur les bords de l'Euphrate, & dans un combat qu'il lui livra au clair de la lune, il lui tailla en pièces plus de dix mille hommes.

Mithridate, qui n'avait pu vaincre la terreur de ses soldats, après avoir fait des prodiges de valeur dans la mêlée, voyant que tout était perdu, se fit jour, avec un corps de huit cents chevaux, au travers de l'armée Romaine, & envoya demander à Tigrane de le recevoir dans Artaxate.

Les dispositions du Roi d'Arménie, depuis quelque temps, étaient bien changées à l'égard du Héros fugitif. Ce Prince l'accusait d'avoir fomenté la rébellion de son fils, qui, après avoir attiré les armes des Parthes au sein de ses Etats, avait eu la lâcheté d'aller dans le camp des Romains demander un asyle à Pompée, contre le courroux d'un père, qu'il n'avait que trop mérité par ses perfidies.

Tigrane, encore plein de son ressentiment contre un fils rebelle, fit mettre dans les fers les Ambassadeurs de Mithridate, & promit cent talents à quiconque lui livrerait le Héros vivant, ou lui apporterait sa tête. L'infortuné Monarque n'attendit pas les satellites de son gendre, & trouvant encore dans sa haine contre les Romains un motif pour aimer la vie, il alla foulever contre fes vainqueurs les peuples des Palus-Méotides.

Tigrane fans foldats, fans confeil, & fans reffources, fe détermina à implorer la clémence de Pompée. Arrivé à la première ligne du camp des Romains, deux Licteuis fe préfentèrent devant lui & le firent defcendre de cheval. Le Prince leur donna fon épée; & quand on l'eut introduit dans la tente du Général, il ôta fa couronne & fe profterna pour embraffer fes genoux. Pompée fe hâta de le relever, & le fit affeoir à côté de lui. « Je remets » en tes mains, dit le Monarque, ma » perfonne & mon Empire; il fut un » temps où je ne ferais pas defcendu à cet » abaiffement, même pour conferver ma » vie; mais aujourd'hui, je vois qu'il n'y » a point d'ignominie, ni à être vaincu » par le Héros qu'on ne faurait vaincre, » ni à fubir le joug de celui que les Dieux » ont réndu digne de commander à tous » les hommes ».

Pompée, flatté du difcours de Tigrane,

autant qu'il était attendri fur fon fort, lui laiffa le Royaume d'Arménie, à condition qu'il payerait fix mille talents (près de trente-deux millions cinq cents mille livres) pour les frais de la guerre ; & quelque temps après, il y ajouta la Principauté de Sophène, qu'il avait d'abord donnée au fils de ce Prince, mais qu'il retira, jugeant ce perfide indigne de fes bienfaits.

Pour la Syrie, Pompée n'en fit pas même mention. Il s'imaginait fans doute qu'un peuple n'avait pas le droit de fe donner un Roi, quand un Général Romain fe trouvait fur fes frontières ; & fous ce prétexte, digne d'une République qui fe jouait de la deftinée des Monarchies & des hommes, il fe détermina à envahir l'Empire des Séleucides.

La Syrie, à cette époque, était dans un tel état de dégradation, qu'un Général n'avait befoin que d'une patente de Rome, pour l'engloutir dans fes vaftes conquêtes. Pompée voulut en triompher avec une

apparence de gloire : Gabinius & Scaurus,
ſes Lieutenans, eurent ordre d'attaquer
cet Empire du côté de l'Euphrate, tandis
que lui-même l'envahirait du côté de la
Méditerranée. Tout plia devant les deux
armées ; Damas, qui avait ſoutenu tant
de ſièges ſans ſe rendre, ouvrit ſes portes ;
Séleucie, Antioche, ſuivirent l'exemple
de cette métropole ; & avant qu'un mois
ſe fût écoulé, la Syrie ſe trouva auſſi
affermie dans la dépendance de Rome,
que ſi elle avait été miſe depuis Romulus
au rang de ſes provinces.

Le phantôme du Roi Antiochus XIII,
qui s'était tenu caché dans un coin de la
Cilicie, pendant toutes les guerres de
Tigrane, ſuivit le torrent & vint demander à genoux à Pompée de lui conſerver
dans l'héritage des Séleucides, un petit
appanage. Le Romain fut inexorable ; il
déclara qu'ayant vaincu les Syriens, il
jouirait du fruit de ſa victoire. Cependant
il y a une opinion née parmi nos Savans
modernes, qui veut que Pompée ait con-

folé Antiochus, en le faifant régner fur la Comagène. Ce fyftème, qui n'a point l'Hiftoire pour bafe, n'a été imaginé que pour remplir des vuides de chronologie.

Pompée, en faifant de la Syrie une province Romaine, pour cacher aux peuples la dureté du joug qu'il leur impofait, leur accorda au commencement une ombre de liberté, qu'ils durent trouver bien douce, après avoir gémi fi long-temps fous la tyrannie raifonnée de leurs Defpotes. Il déclara indépendante la ville de Séleucie fur l'Oronte, parce qu'elle avait confervé de temps immémorial fa fidélité à fes Rois légitimes. Antioche, qu'il avait d'abord traitée avec quelque rigueur, à caufe du caractère volage de fes habitans, jouit bientôt après des mêmes privilèges. Cette ville ne déchut point de fa fplendeur primitive, & nous la verrons encore, plufieurs fiècles après, jouer un rôle impofant dans l'hiftoire des Céfars.

Le plus grand fervice que Pompée

rendit aux Syriens, fut de les délivrer des petits tyrans qui s'étaient introduits à la faveur des guerres civiles, & qui étaient à la fois les fléaux de leurs sujets & ceux de leurs voisins. Un Ptolemée, qui commandait dans Chalcis, ayant été convaincu d'actes de tyrannie, ne racheta ses jours qu'en versant mille talents dans le trésor de Rome; le Despote de Byblos, encore plus coupable, fut envoyé au supplice.

Ainsi tomba ce vaste Empire des Séleucides, qui avait englouti peu à peu la partie la plus brillante de la Monarchie d'Alexandre. Lorsque Pompée lui ôta ses loix & ses Souverains, il y avait long-temps qu'il n'était plus que l'ombre de lui-même. Les Parthes avaient envahi toutes ses provinces Orientales, depuis l'Inde jusqu'à la Mésopotamie, & celles qui entrèrent sous la domination Romaine, n'étaient en général ni les plus riches, ni les plus peuplées, ni les plus heureuses, quoiqu'elles renfermassent dans leur sein presque toutes les Métropoles de la Monarchie.

L'Empire des Séleucides, à compter de l'époque où fon Fondateur était rentré dans Babylone, avait duré deux cents quarante-fept ans; fa chute tombe à l'an 1517 de l'ère de Paros, qui répond à la quatrième de la cent foixante & dix-huitième olympiade.

FASTES

DES DEUX MONARCHIES

DES PTOLEMÉES

ET

DES SÉLEUCIDES.

	Ere des Ptol.	Ere des Séleu.	Durée jusqu'à nous.
Avènement d'Aridée au trône d'Alexandre.			2104
Les Généraux d'Alexandre exercent les fonctions de la Souveraineté, chacun dans leur Gouvernement. Régence de Perdiccas.			
Convoi funèbre d'Alexandre. Ptolemée fait conduire le corps du Héros, à Alexandrie . .	2		2102
Mort de Perdiccas. Régence de Python.			

	Ere des Ptol.	Ere des Séleu.	Durée jusqu'à nous.
Abdication de Python. Antipater lui succède. Sa mort.	3		2101
Mort d'Aridée. Alexandre Aigûs le remplace. Assassinat d'Olympias. .	7		2097
Séleucus I ou Nicator rentre vainqueur dans Babylone. Commencement de l'ère des Séleucides. .	12		2092
Cassandre tue Roxane avec Alexandre son fils, & usurpe la couronne de Macédoine.	13	1	2091
Polysperchon fait mourir Hercule, fils d'Alexandre.	15	3	2089
Les successeurs d'Alexandre s'accordent à prendre le titre de Roi. Vrai commencement du règne de Ptolemée I en Egypte, & de Séleucus I à Babylone. . . .	19	7	2085

	Ere des Ptol.	Ere des Séleu.	Durée jusqu'à nous.
Séleucus fonde les villes d'Edesse, de Berée, de Pella , d'Apamée & de Laodicée.	20	8	2084
Bataille d'Ipsus , & fondation d'Antioche. .	23	11	2081
Le culte du Dieu Sérapis est apporté à Alexandrie.	37	25	2067
Abdication du premier des Ptolemées. Mort de Ptolemée I, & avènement de Philadelphe.	39	27	2065
Mort du premier des Séleucides, & avènement d'Antiochus I ou Soter au trône de Syrie. . .	44	32	2060
Temps où fleurissait l'Astronome Aratus & le Poëte Callimaque. .	52	40	2052
Mort d'Epicure , suivant quelques Historiens.	53	41	2051

	Ere des Ptol.	Ere des Séleu.	Durée jusqu'à nous.
Antiochus II ou Théos I monte au trône des Séleucides.	63	51	2041
Commencement de l'Empire des Parthes, fondé par Arsace, suivant quelques Historiens; d'autres, mieux instruits peut-être, rapprochent de nous cet évènement de six ans.	68	56	2036
Evergète I monte au trône des Ptolemées. . .	77	65	2027
Avènement de Séleucus II ou Callinique au trône de Syrie. . . .	78	66	2026
Séleucus III ou Céraunos devient Roi de Syrie.	98	86	2006
Antiochus III ou le Grand succéde à Céraunos.	101	89	2003
Philopator commence son règne en Egypte. .	102	90	2002
Conjuration de Cléo-			

	Ere des Ptol.	Ere des Séleu.	Durée jusqu'à nous.
mène à Alexandrie, & fin tragique de ce Roi de Lacédémone.	105	93	1999
Bataille de Raphia, & défaite d'Antiochus le Grand, par l'armée de Philopator.	107	95	1997
Persécution que Philopator fait subir aux habitans de la Palestine.	108	96	1996
Le Roi de Syrie ajoute la Palestine à ses conquêtes.	113	101	1991
Epiphane succéde en Egypte à Philopator. . .	119	107	1985
Vengeance que le peuple à Alexandrie exerce sur les Ministres des tyrans.	122	110	1982
Annibal demande un asyle à Antiochus. . .	129	117	1975
Guerre des Romains contre Antiochus. . .	132	120	1972

	Ere des Prol.	Ere des Séleu.	Durée jusqu'à nous.
Bataille des Thermopyles, où l'armée Syrienne est défaite.	133	121	1971
Victoires de Scipion en Asie.	134	122	1970
Paix humiliante que Rome accorde à Antiochus.	135	123	1969
Meurtre d'Antiochus le Grand, & avènement de Séleucus IV, surnommé Philopator. . .	137	125	1967
Philométor succède à Epiphane, au trône des Ptolemées.	143	131	1961
Antiochus IV, surnommé Epiphane, prend place au trône des Séleucides.	149	137	1955
Mort du Grand Pontife Onias. . . .	151	139	1953
Première expédition d'Epiphane en Egypte.	152	140	1952
Seconde expédition du			

Roi de Syrie en Egypte.	Ere des Ptol.	Ere des Séleu.	Durée jusqu'à nous.
Ambaſſade du ſuperbe Popilius.	153	141	1951
Premier ſac de Jéru-ſalem.	154	142	1950
Paul-Emile réduit la Macédoine en province Romaine.	157	145	1947
Premiers exploits de Machabée.	158	146	1946
Mort funeſte d'Epi-phane , & avènement d'Antiochus V , appellé Eupator.	160	148	1944
Démétrius I ou Soter fait mourir Eupator , & règne à ſa place. . .	162	150	1942
Aſſaſſinat d'un Am-baſſadeur Romain dans Alexandrie.	166	154	1938

L'uſurpateur Bala , qui ſe fait appeller Ale-xandre , défait Démé-trius , le condamne à

	Ere des Ptol.	Ere des Séleu.	Durée jusqu'à nous.
périr par le dernier supplice, & se fait couronner à sa place	174	162	1930
Bala est tué par un Prince Arabe. Démétrius II ou Nicator le remplace	178	166	1926
L'abominable Physcon règne en Egypte. Nicator, en Syrie, se voit associé avec Antiochus VI ou Théos II. .	180	168	1924
Tryphon fait tuer Jonathas, & après avoir assassiné Antiochus VI, le remplace.	181	169	1923
Captivité de Démétrius II chez les Parthes. Il épouse Rodogune. .	183	171	1921
Antiochus VII ou Sidète épouse la femme de Démétrius II de son vivant, & se fait couronner Roi de Syrie. . .	185	173	1919

	Ere des Ptol.	Ere des Séleu.	Durée jusqu'à nous.
Sidète est tué dans une expédition contre les Parthes. Rétablissement de Démétrius II.	194	182	1910
Révolution en Egypte Fuite de Physcon dans l'Isle de Chypre. Ce tyran massacre son propre fils, & envoye sa tête à Cléopâtre, mère de sa victime.			
L'imposteur Zébina, qui se fait appeller Alexandre II, règne en Syrie.	198	186	1906
Antiochus VIII ou Grypos monte sur le trône des Séleucides. . .	202	190	1902
Grypos oblige Cléopâtre, sa mère, à avaler le poison qu'elle lui avait destiné.	203	191	1901
Lathyre devient Roi d'Egypte.	207	195	1897

	Ere des Ptol.	Ere des Séleu.	Durée jusqu'à nous.
Grypos règne en Syrie conjointement avec Antiochus IX, surnommé le Cyzicénien. . . .	212	200	1892
Détrônement de Lathyre.	217	205	1887
Alexandre I eft couronné en Egypte, à condition qu'il ne ferait que le premier efclave de Cléopâtre.			
Antiochus le Cyzicénien partage le trône de Syrie avec Séleucus V, que les Hiftoriens appellent Epiphane . . .	227	215	1877
Apion, Roi de Cyrène en Afrique, légue fes états en teftament au peuple Romain. . . .	228	216	1876
Epiphane règne en Syrie avec Antiochus X, furnommé Eusèbe. . .	230	218	1874
Eusèbe, Antiochus XI			

	Ere des Ptol.	Ere des Séleu.	Durée jusqu'à nous.
& Philippe démembrent, en régnant, l'Empire des Séleucides.	231	219	1873
Mort d'Antiochus XI. Nouvelles révolutions en Syrie. Philippe règne avec Démétrius III ou Eucher.	232	220	1872
Philippe, Eusèbe & Antiochus XII ou Denys règnent en démembrant encore la Syrie. . . .	236	224	1868

Mort d'Antiochus XII.

Cléopâtre, en Egypte, veut ôter la couronne & la vie à son fils Alexandre. Celui-ci prévient sa mère, & la fait égorger. Révolution dans Alexandrie. Lathyre est rappellé pour régner, après dix-neuf ans d'exil.

La Nation Syrienne, lasse de la tyrannie des

	Ere des Ptol.	Ere des Séleu.	Durée jusqu'à nous.
Séleucides, la dépose, & se donne à Tigrane, Roi d'Arménie.	241	229	1863
Mort de Lathyre, un des Ptolemées. Alexandrie nomme Bérénice, sa fille, pour le remplacer.	243	231	1861
Alexandre II vient en Egypte, avec un décret de Rome, prendre place au trône des Ptolemées. On l'engage, pour éviter une guerre civile, à épouser Bérénice. Ce tyran assassine cette Princesse, dix-neuf jours après son mariage.			
Alexandre II est déposé, & Aulète, bâtard de Lathyre, le remplace.			
Mithridate, Roi de Pont, est battu par Lu-			

	Ere des Ptol.	Ere des Séleu.	Durée jusqu'à nous.
cullus, & se réfugie auprès de Tigrane, son gendre, en Arménie.	253	241	1851
Antiochus XIII ou l'Asiatique règne obscurément dans un coin de la Cilicie, sans faire ombrage à Tigrane, le vrai Roi de Syrie.	255	243	1849

Lucullus porte la guerre en Arménie. Grande bataille, où dix mille Romains taillent en pièces deux cents soixante mille hommes. Fuite honteuse de Tigrane & de Mithridate. Siége & prise de Tigranocerte.

Défaite de Mithridate par Pompée. Le jeune Tigrane va demander un asyle, contre son père, dans le camp des Romains. Le vieux Tigrane

	Ere des Ptol.	Ere des Séleu.	Durée jusqu'à nous.
vient, de son côté, se rendre à Pompée, qui, des deux couronnes que portait ce Prince, ne lui laisse que celle d'Arménie.	258	246	1846
Pompée fait la conquête de la Syrie. Le faible Roi Antiochus XIII se soumet. . . .	259	247	1845
Séleucie & Antioche sont déclarées libres. On délivre la Syrie des petits tyrans qui l'infestaient, & on en fait une province Romaine. Fin de l'Empire des Séleucides.			
Loi de Clodius, pour réduire l'Isle de Chypre en province Romaine. .	266	254	1838
Les Egyptiens déposent Aulète, qui se sauve à Rome. On nomme Bérénice II, fille de ce			

Prince, pour le remplacer au trône des Ptolemées. Cette Reine épouse le Séleucide Cybiosacte, & un mois après le fait étrangler. Elle donne ensuite sa main & son trône à un Archelaüs, Grand Prêtre de Comane dans le Pont, qui se disait fils de Mithridate.

Caton, en vertu de la loi de Clodius, vient en Chypre déposer son Roi, qui s'empoisonne.

Aulète fait assassiner, dans Rome, l'Ambassadeur Dion.

Gabinius, Proconsul de Syrie, par ordre de Pompée, rétablit Aulète dans ses Etats.

Défaite & mort d'Archelaüs.

	Ere des Ptol.	Ere des Séleu.	Durée jusqu'à nous.
Caton... qui s'empoisonne.	268	256	1836
Gabinius... rétablit Aulète dans ses Etats.	269	257	1835

	Ere des Ptol.	Ere des Séleu.	Durée jusqu'à nous.
Aulète fait mourir sa fille Bérénice.			
Mort d'Aulète. Cléopâtre & Denys le remplacent.	272	260	1832
Pompée, vaincu à Pharsale, vient en Egypte demander un asyle à Denys. Ce Prince le fait assassiner.	276	264	1828
César veut juger dans Alexandrie, la cause de Denys & de Cléopâtre. Cléopâtre le subjugue, & devient enceinte de Césarion.	277	265	1827
Guerre civile dans la capitale de l'Egypte. César est assiégé. Incendie de la bibliothèque d'Alexandrie.			
Bataille où Denys est défait par les Romains. Ce Prince se noye dans			

	Ere des Ptol.	Ere des Séleu.	Durée jufqu'à nous.
fa fuite. Céfar entre en triomphe dans Alexandrie.			
Cléopâtre époufe fon frère, âgé d'onze ans. C'eft le Prince qui eft connu dans l'Hiftoire fous le nom de Ptolemée le jeune.			
Empoifonnement de Ptolemée le jeune, par ordre de Cléopâtre. . .	280	268	1824
Marc-Antoine vient, après fa victoire à Philippes, recevoir en Cilicie les hommages de l'Orient. Amours de ce Triumvir & de Cléopâtre.	282	270	1822
Antoine époufe Cléopâtre, & vient célébrer fes nôces à Alexandrie.	283	271	1821
Expédition d'Antoine chez les Parthes. Cléo-			

	Ère des Ptol.	Ère des Séleu.	Durée jusqu'à nous.
pâtre l'accompagne jusqu'à l'Euphrate, & à son retour le Roi Hérode est sur le point de la faire assassiner.	288	276	1816
Antoine, de retour à Alexandrie, proclame Cléopâtre Reine des Rois, & donne à ses enfans des appanages. .	290	278	1814
Bataille d'Actium. Fuite de Cléopâtre & d'Antoine.	293	281	1811
Auguste vient à Alexandrie. Mort d'Antoine. Cléopâtre s'empoisonne. L'Egypte est réduite en province Romaine. Fin de la Monarchie des Ptolemées.	294	282	1810

Fin de l'Histoire des Séleucides.

TABLE
DES CHAPITRES

DU TOME XXVI

DE L'HISTOIRE ANCIENNE.

DES CHAPITRES.

Fin de la Table des Chapitres.

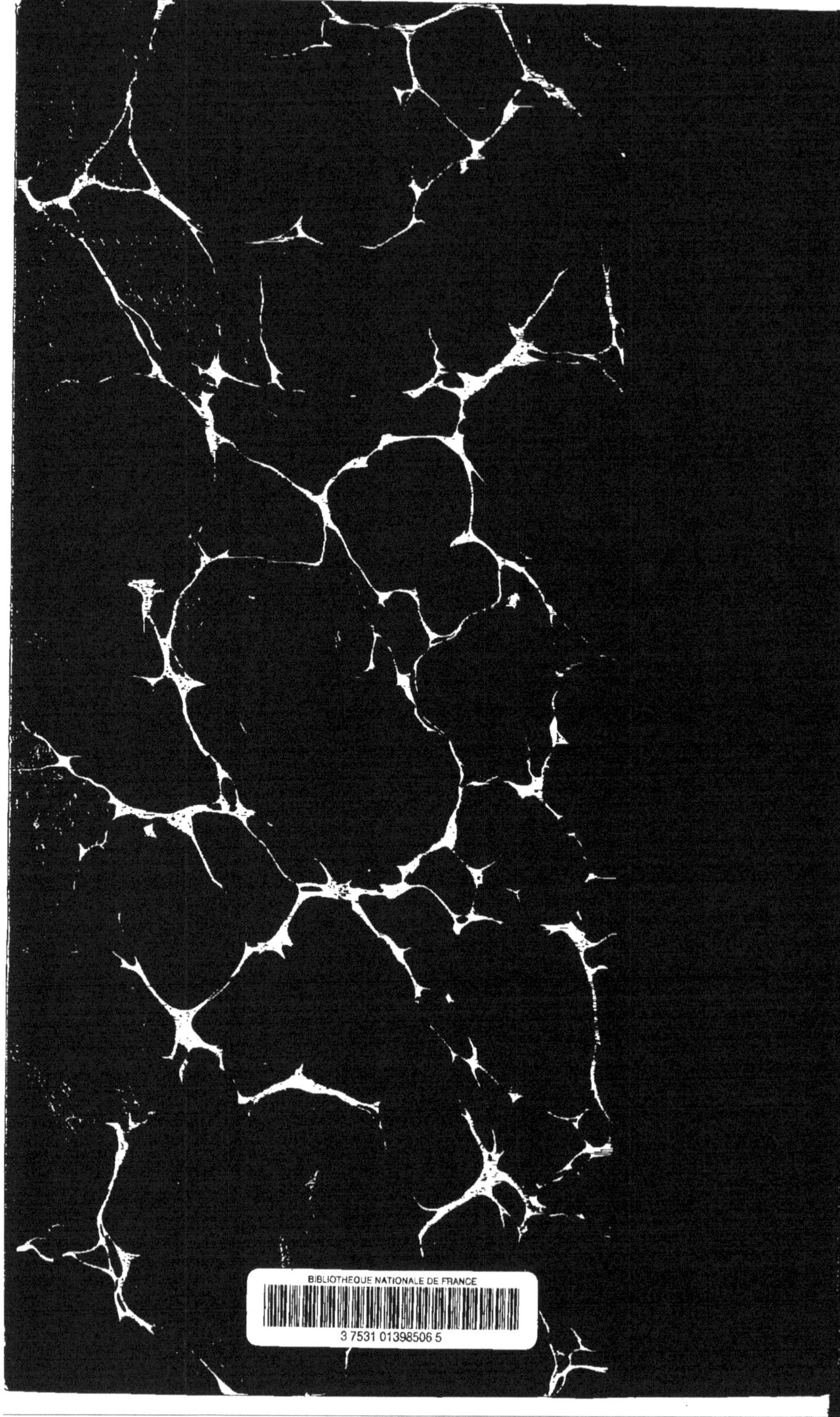

9 782013 621557